Contraste insuffisant des couvertures supérieure et inférieure

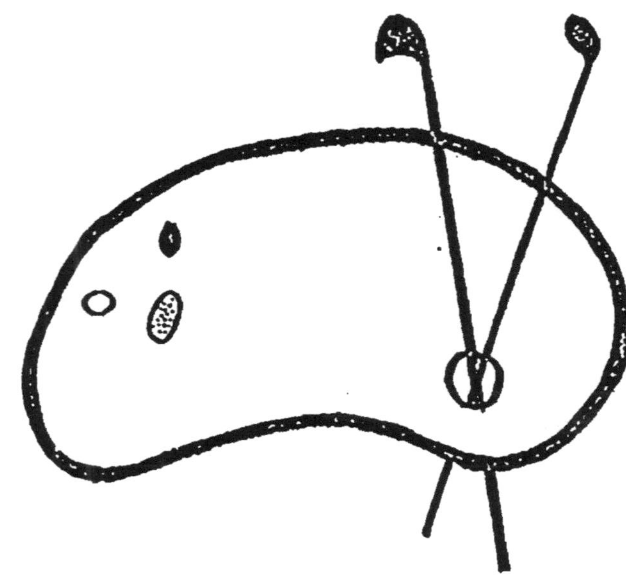

COUVERTURE SUPERIEURE ET INFERIEURE EN COULEUR

HISTOIRE

DE LA

RÉVOLUTION

EN AUVERGNE

PAR

M. JEAN-BAPTISTE SERRES

TOME V

EXTERMINATION DE LA NOBLESSE (SUITE)

AURILLAC
IMPRIMERIE MODERNE
6, Rue Guy-de-Veyre

PARIS
VIC ET AMAT, LIB.-ÉDITEURS
11, Rue Cassette.

1896

DU MÊME AUTEUR

Vie du Père Murat . . . . 1 fr.

Histoire de Notre-Dame des Miracles de Mauriac . . . . 1 fr. 25

Vie de Mgr Lavialle, évêque de Louisville . . . . 1 fr. 25

Mgr Chabrat évêque en Amérique . 0 fr. 75

Mgr Baldus, vicaire apostolique du Kiang-Si . . . . 1 fr. 25

Mgr d'Auzers, évêque de Nevers . . 2 fr. 50

Histoire du monastère de Notre-Dame de Saint-Flour . . . . 0 fr. 75

Histoire du monastère de Notre-Dame d'Aurillac . . . . 0 fr. 75

Catinon menette . . . . 1 fr. 50

HISTOIRE DE LA RÉVOLUTION

EN AUVERGNE

HISTOIRE

DE LA

RÉVOLUTION

EN AUVERGNE

PAR

M. JEAN-BAPTISTE SERRES

TOME V

EXTERMINATION DE LA NOBLESSE (SUITE)

AURILLAC
IMPRIMERIE MODERNE
6, Rue Guy-de-Veyre

PARIS
VIC ET AMAT, LIB.-ÉDITEURS
11, Rue Cassette.

1896

HISTOIRE DE LA RÉVOLUTION *EN AUVERGNE*

CHAPITRE Ier

LE SEIGNEUR DE MIRAMON. — PILLAGE DE SES CHATEAUX : PESTEILS, BASSIGNAC, SAINT-ANGEAU. — VENTE DE SES BIENS. — L'ABBÉ DE MIRAMON.

Continuons la lamentable histoire de la guerre faite aux nobles dans nos pays d'Auverg[illegible].

A quelques centaines de pas du bourg de Polminhac, sur un immense rocher, s'élève un château remarquable qui domine, au midi, la plantureuse vallée de la Cère et qu'entoure, du côté du nord, un torrent qui bondit des montagnes. C'est le château de Pesteils-Miramon, dont le possesseur, en 1789, était le haut et puissant Seigneur Jean-Gaspard de Cassanhes, marquis de Miramon, baron de Giou, comte de Paulhac etc, dont les immenses et nombreuses propriétés s'étendaient en Auvergne et en Alsace.

Né en 1730, entré à 16 ans au service du roi, il fit les dernières campagnes de la guerre de succession d'Autriche, fut à 18 ans, capitaine dans Orléans-cavalerie, entra aux mousquetaires gris, en sortit pour prendre le commandement d'un régiment de dragons noirs, avec lequel il fit les campagnes de la guerre de sept ans.

Devenu presque infirme par suite de ses nombreuses blessures, il quitta le service militaire, et vécut plusieurs années à Paris avec la marquise sa femme, née Marie-Anne de Bardonin de Sansac.

Dès le début de la Révolution, pour cause de santé, il passa en Suisse, puis en Belgique et alla aux eaux d'Aix-la-Chapelle. Durant ses pérégrinations, les plus tristes nouvelles lui arrivaient de France.

Laissons parler ici l'historien de la maison de Cassanhes-Beaufort de Miramon, lequel ayant sous la main les archives de la famille et les papiers des hommes d'affaires du Marquisat de Pesteils-Miramon, a fait un intéressant récit des malheurs de son bisaïeul pendant la Révolution.

« Etant à Tournai, écrit le vicomte Bernard de Miramon Fargues, le marquis de Miramon échangea une correspondance avec le marquis de Laqueille, son ancien collègue aux Etats de Clermont, qui commandait en émigration la noblesse de la province. Il demandait à être inscrit parmi les signataires de l'acte de coalition des gentilshommes d'Auvergne. Ses infirmités l'empêchaient de mettre son bras au service de la cause royale, il réclamait au moins la faveur de l'aider de son argent. Le pauvre homme se croyait encore riche ; car il ne recevait pas ou ne recevait que très irrégulièrement et par ricochet les lettres de ses hommes d'affaires, qui lui faisaient un tableau désolant de ce qui se passait dans ses terres. Ses bois, ses champs, ses greniers étaient chaque jour mis au pillage. Les fermiers refusaient de payer et allaient jusqu'à contester à leur maître son droit de propriété ; car ils flairaient déjà la curée prochaine. Le notaire Traynier, son intendant, le sieur Loussert, son procureur fiscal, Bertrand, juge du marquisat, son procureur syndic, son lieutenant particulier, tous les officiers de ses terres lui écrivaient des lettres pressantes pour le prier de leur envoyer un certificat de résidence dans le royaume, croyant ou feignant de croire qu'il était encore à Paris ; car le marquis avait trouvé un subterfuge pour faire dater ses réponses de ce lieu. Ce certificat devait avoir une grande importance, puisque la loi sur les émigrés venait d'être édictée. Mais Gaspard ne pouvait croire qu'on le dépouillât de ses biens. Il avait émigré, c'est vrai, mais pour cause de santé seulement et il lui semblait que le patriotisme n'exigeait pas qu'on refusât de devoir sa guérison à des eaux étrangères. D'autre part, maintenant qu'il était hors de France, il pensait qu'il eût été puéril de se rejeter volontairement dans la gueule du loup ; car, si on le rappelait, c'était en lui montrant les dents. Il avait bien, il est vrai, l'exemple de ses frères, le comte et l'abbé, qui vivaient à Paulhac, sans être trop inquiétés ; mais il voyait de toutes parts tant de gentilshommes incarcérés ou massacrés sans motifs, qu'il crut prudent d'attendre de loin. Il attendit si bien qu'il reçut successivement les plus fâcheuses nouvelles.

Le 19 mars 1792 au matin, les officiers municipaux de Polminhac avaient reçu l'avis d'avoir à réunir la garde nationale de leur paroisse pour s'unir en fédération et fraterniser avec celles de Giou et d'Yolet. La garde nationale de Polminhac n'étant pas encore organisée à cette époque, la municipalité rassembla la majeure partie des citoyens de la commune. Cet attroupement illégal était à peine formé qu'on avait vu arriver la paroisse d'Yolet, ayant à sa tête les nommés Pouzols, de Falguières, et Trémonie, d'Yolet, et celle de Giou, conduite par Viallard, de la Barate, Boisson, de Roques, et Bonnafé, de Mamou. Tout le monde s'était réuni, et tout à coup on avait entendu crier qu'il fallait se porter sur Miramon. Immédiatement on avait formé trois colonnes, représentant les trois soi-disant gardes nationales, au nombre de quatre cents hommes environ, et l'on était monté au château, où la troupe n'avait pas tardé à se grossir de trois cents autres individus. Ç'avait été dans la cour d'entrée, dont la terrasse domine hardiment le bourg couché à ses pieds, un cliquetis et un scintillement de fusils, de haches, de fourches et de piques, un concert sauvage et assourdissant de voix surexcitées qui criaient à pleine gorge le patois auvergnat, aux notes chantantes; et au milieu de tout ce peuple les officiers municipaux et les meneurs se frayaient péniblement un passage, tout fiers de commander à ces braillards, et dans leur vanité se croyant peut-être autre chose que des voleurs. Jamais le vieux château, qui avait pourtant soutenu un siège contre les Anglais, qui avait été pris et repris deux fois pendant les guerres de religion, n'avait assisté à un pareil spectacle,

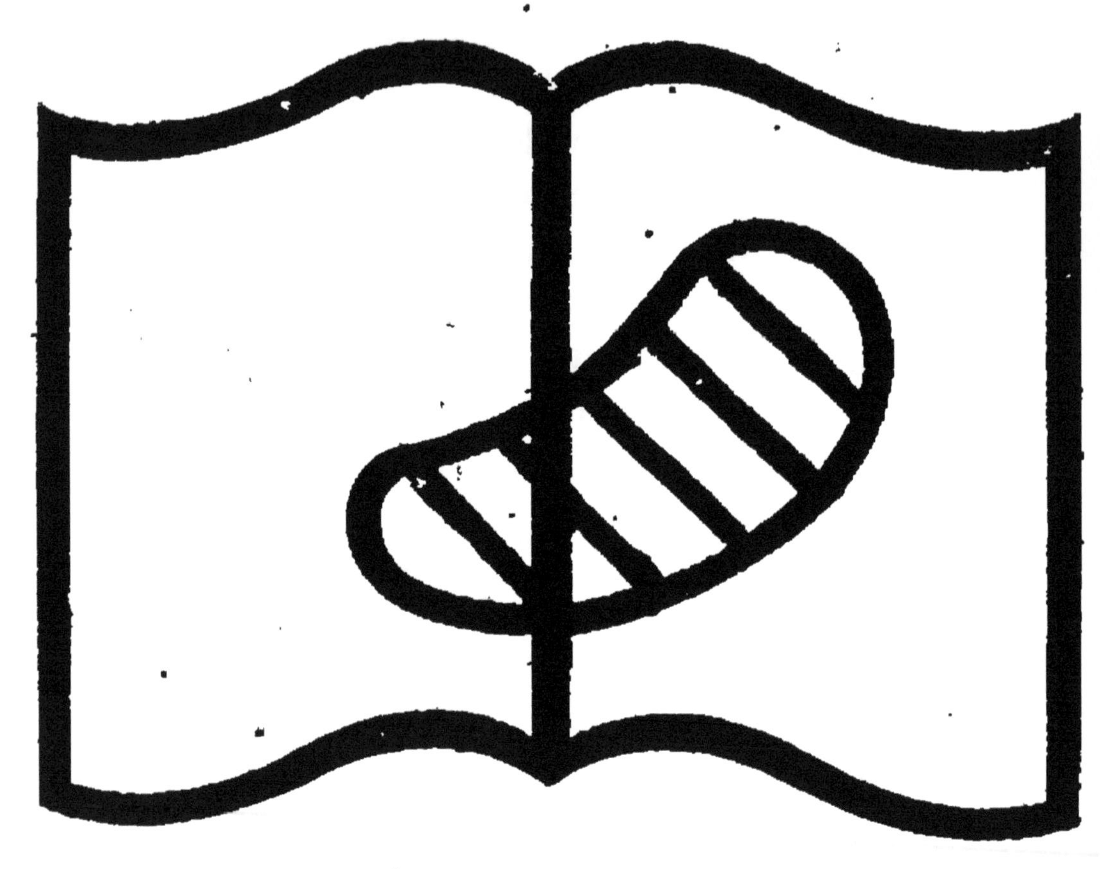

à la fois effrayant et ridicule. Car le premier acte des envahisseurs avait été de demander à boire et à manger, en spécifiant qu'ils voulaient qu'on leur servît du gras, attendu que M. l'Evêque l'avait permis, quoiqu'on fût en carêmé (ce scrupule semble curieux en pareil cas). Traynier, devant les menaces, avait envoyé chercher du beurre, du pain et deux cochons (sauf votre respect, Monsieur le marquis). Quant au vin, les visiteurs avaient eu l'honnêteté de se servir eux-mêmes en défonçant les caves. Vers les quatre heures du soir, après s'être bien repus, les gens d'Yolet et de Giou avaient exigé qu'on leur souscrivît une promesse de trois barriques de vin et de trois cent livres d'argent pour les pauvres ; sinon, ils étaient résolus, avant de partir, à tout brûler, piller, saccager et tuer. Puis ils avaient visité le château pour voir s'il n'y avait pas des armes et des aristocrates. Guidés par d'anciens domestiques de la maison, entre autres par un nommé Martres, de l'hôpital, ils avaient tout ouvert ou enfoncé et avaient pénétré dans le caveau où étaient enfermés les vins de Champagne, d'Espagne, etc. Ils avaient enlevé les bouteilles, ainsi qu'une grande quantité de linge et d'effets, des papiers et toute l'avoine. Puis ils avaient exigé la démolition des girouettes et d'une pierre au-dessus de la porte d'entrée, sur laquelle étaient gravées les armoiries. On évaluait à plus de six mille livres les dégats faits dans cette journée, sans compter les billets qu'on avait dû souscrire. Enfin, la nuit venue, toute cette troupe s'était retirée en faisant des protestations et de vives menaces de revenir bientôt, attendu qu'ils n'avaient pas accompli entièrement leurs projets.

Le lendemain, la municipalité d'Yolet était revenue, annonçant que, si on voulait éviter le retour de sa troupe, il fallait donner encore quatre cents livres pour acheter des armes. Le 24, une centaine d'individus de Giou avaient envahi de nouveau le château, ayant à leur tête Viallard père, et les gens de Mamou avaient réclamé en vain la protection de la municipalité de Polminhac. Il avait fallu les nourrir, les abreuver, et acquiescer à leurs énormes réclamations ; or, ils ne demandaient pas moins de six livres par tête, plus une contribution de vingt-quatre livres, payable en assignats. Pour tout remerciement, ils s'étaient retirés à cinq heures en proférant des menaces.

Venaient ensuite les réclamations particulières : un nommé Meyniel, du Couderc, qui avait été pris trente ans auparavant par les gardes commettant quelque délit et auquel le marquis avait fait grâce, réclamait quand même une forte indemnité pour le dommage qu'il prétendait lui avoir été fait alors. Un autre, qui était en procès avec le marquis, exigeait que celui-ci se désistât et se condamnât lui-même. Un troisième voulait qu'on lui remboursât une somme considérable, sous prétexte que lui et ses auteurs avaient toujours payé des fromages trop élevés. Enfin un grand nombre de braves gens avaient, eux aussi, réclamé de l'argent, sans pouvoir formuler aucune raison ; ils avaient entendu dire qu'on payait largement au château, et étaient venus comme les autres. Mais, comme leurs demandes étaient accompagnées de menaces et que tout le monde était affolé, il fallait le plus souvent céder.

Au milieu d'avril, le marquis de Miramon recevait une autre lettre dans laquelle on lui annonçait que les gens de Badalhac et de Raulhac avaient visité son château de Bassignac, festoyé toute la nuit à ses dépens et enlevé du bétail ; et, quelques jours après, que son château de Neyrebrousse avait été entièrement dévasté par les habitants des communes de Cezens et autres.

Le marquis dans ses réponses s'indignait de

tous ces méfaits ; il ordonnait de poursuivre les coupables en justice et les menaçait de la rigueur des lois. Mais on lui faisait observer que les tribunaux étaient très indulgents pour les émeutiers et que, d'ailleurs, il devait être très heureux d'en être quitte à si bon marché ; car, en ce moment, les châteaux de la Rodde, de Sénezergues, de Ladinhac, de la Besserette étaient en flammes ; d'autres avaient été vendus.

Cette consolation, quelque maigre qu'elle fût, ne devait même pas être laissée au marquis ; car vers la fin de la même année, il apprenait que le département, n'ayant pas reçu son certificat de résidence, l'avait compris dans le nombre des émigrés et avait mis en vente tous ses biens. Les acquéreurs ne manquèrent pas ; et pendant les quelques mois qui suivirent, il fut vendu pour deux millions trois cent mille francs de propriétés appartenant au marquis de Miramon dans les paroisses de Vic, Polminhac, Badailhac, Palherols, Carlat, Saint-Clément, Yolet, Vézac, Malbos, Brezons, Cezens dans l'Auvergne, et Antraygues dans l'Aveyron. »

A ces désastres éprouvés par le marquis de Miramon, en Auvergne, ajoutons que son château de Saint-Angeau fut saccagé, que ses immeubles de Paris furent saisis et ses propriétés d'Alsace, vendues. Seules les seigneuries de la Basse-Auvergne, dont Paulhac était le principal château, ne furent pas aliénées, parce que le marquis les avait données en dot à sa fille, épouse de son frère, non émigré.

Obligé de fuir devant les armées de la République, le marquis et la marquise passèrent d'Aix-la-Chapelle à Coblentz, à Mayence, en Suisse, à Carlsruhe, malades et à bout de ressources.

En 1801, ils étaient à Lyon ; ils obtinrent leur radiation de la liste des émigrés et essayèrent de mettre ordre à leurs affaires.

Gaspard de Miramon séjourna deux ans dans cette ville d'où il entretenait, avec diverses personnes d'Aurillac une correspondance suivie, afin d'aviser aux moyens de rentrer dans ses biens. En 1803, après un séjour à Paris, il se décida à venir se fixer dans le Cantal, pour être plus facilement en rapport avec les acquéreurs de ses propriétés. C'est à Aurillac, rue du Consulat, dans une maison appartenant à un marchand nommé Chibret, qu'il vécut jusqu'en 1810, sans cesse occupé de nouveaux projets d'arrangements, de transactions, de rachats, et aidé dans cette besogne par MM. le baron Perret, maire d'Aurillac, et Labro. Dans les premiers temps, il aurait pu, s'il avait voulu, obtenir des compensations en argent assez considérables, car les acquéreurs des biens nationaux, surpris par le retour des émigrés et inquiets pour l'avenir, ne demandaient pas mieux que de régulariser leur situation vis-à-vis des premiers propriétaires, dont ils détenaient les biens en vertu d'une mesure révolutionnaire. Malheureusement le marquis était trop exigeant et réclamait la restitution d'une notable portion de ses domaines, ou du moins l'équivalent de sa valeur ; ce dont on ne saurait en conscience lui faire un reproche, puisqu'il avait droit à tout. On ne s'entendit pas ; les choses traînèrent en longueur. Pendant ce temps, les acquéreurs, voyant qu'ils n'étaient pas inquiétés s'enhardissaient peu à peu et devenaient de jour en jour moins conciliants. Si bien qu'en 1810, lorsque le marquis Gaspard mourut, il n'avait pour ainsi dire rien obtenu et était, à peu de choses près, dans la même position de fortune qu'à son retour d'émigration. La succession de ce grand seigneur, dont, dans toute la province, on vantait jadis la fortune et la puissance, se trouvait être tellement embrouillée que sa fille, la comtesse de Miramon, ne se sentit pas la force de l'accepter et que seule la comtesse de Châtillon osa la recueillir. Nous ne nous attarderons pas à faire ressortir, en guise de conclusion, l'infortune de notre pauvre grand-père, qui, né dans la plus brillante position de famille et de fortune, fut pendant dix ans fugitif à travers l'Allemagne, ne sachant où reposer sa tête, accablé par de cruelles souffrances que sa pauvreté rendait encore plus pénibles, et qui vint enfin mourir à l'auberge comme un étranger, au milieu de terres dont il s'étonnait encore de ne plus être le seigneur. »

Le marquis Gaspard de Miramon mourut en 1810, la marquise en 1812.

Gaspard n'ayant laissé que trois filles, son frère cadet, Louis-Alexandre, auquel il avait donné en mariage sa fille aînée, Marie-Anne-Jeanne, continua la lignée.

Comme son frère, Louis-Alexandre avait été obligé, pour cause de santé, de quitter le service militaire et il était allé habiter son château de Paulhac, près Brioude, où il passa les années de la Terreur, entouré de sa femme, de ses nombreux enfants et de son frère l'abbé.

L'abbé Jean-Charles de Miramon, né en 1734, entré dans les Ordres sacrés à vingt ans, était devenu grand-vicaire de son cousin Talleyrand, évêque d'Autun.

Ayant déplu à son évêque, celui-ci tout puissant à la cour, le tint éloignée des hautes dignités ecclésiastiques. Le roi pourtant lui donna certains bénéfices, mais la Révolution vint bientôt les lui enlever.

Après l'apostasie de Talleyrand, l'abbé de Miramon fut nommé administrateur du diocèse d'Autun. Obligé de s'éloigner par la violence de la persécution, et d'ailleurs malade, il alla rejoindre son frère au château de Paulhac.

« Ils durent au triste état de leur santé et aussi à la sympathie que leur nom inspirait dans le pays de ne pas être trop molestés. Seule la comtesse de Miramon fut un jour arrêtée par ordre du district de Brioude et détenue dans la prison de cette ville. On raconte qu'elle allait être transférée à Paris, lorsque, au moment où le convoi se mettait en marche, survint l'ordre de la relâcher. Il paraît que le promoteur de cette généreuse mesure, ce sauveur inespéré, n'était autre que Carrier, le farouche proconsul de Nantes. Ce trait, qui n'était pas dans ses habitudes, mérite quelques mots d'explications, Carrier était né dans la baronnie d'Yolet, fils d'un tenancier du marquis de Miramon et neveu du chapelain de Pesteils. Dans sa jeunesse il étudia, dit-on, pour faire prêtre. Le marquis s'intéressa à lui, et le futur inventeur des mariages républicains vint plusieurs fois à Miramon où la marquise et ses filles lui témoignèrent une bonté dont il garda de la reconnaissance. Ce qui confirme la vérité de cette tradition, c'est que dans la liste de proscription de Carrier, qui nous a été communiquée, aucun des membres de la maison de Cassagnes ne se trouve inscrit. Or, s'il n'avait eu pour cela des raisons secrètes, le proconsul, haineux et avide, n'aurait eu garde d'oublier un nom qui désignait le plus grand propriétaire du pays. C'est un honneur pour les châtelains de Miramon d'avoir peut-être inspiré le seul sentiment humain qui ait germé dans le cœur de ce monstre furieux. »

Le comte Louis-Alexandre mourut à Paulhac en 1801, l'abbé en 1804.

Le comte laissait deux fils : Jean-Louis-Gaspard, qui continua la branche ainée à Paulhac et à Saint-Angeau, et Guillaume-Louis qui fonda la branche cadette des de Miramon-Fargues, en épousant, en 1826, Olympe de Meallet de Fargues, qui lui apporta en dot le château et la terre de Fargues.

CHAPITRE II

LES DE MEALLET DE FARGUES PENDANT LA RÉVOLUTION. — DÉVASTATION DU CHATEAU. — MARTYRE DE L'ABBÉ DE FARGUES.

Au XVIIIe siècle, la famille des de Meallet était divisée en trois branches : Fargues, Cours et Faulat. Le château de Fargues est situé près du bourg de Vitrac, dans le canton de Saint-Mamet. Là vivait, quand vinrent les mauvais jours, une famille composée de 14 membres : le comte et la comtesse de Meallet de Fargues, leur neuf enfants, puis la femme et les deux fils de l'aîné des neuf enfants.

Le comte André de Fargues, baron de Vitrac, marquis de Monteils, seigneur de Roffiac, la Perle, Roumégoux, Glénat, Pers, Toursac, Barriac, etc., chevalier honoraire de Malte, capitaine au régiment de Bourbonnais-Infanterie et chevalier de Saint-Louis, était un vieillard de quatre-vingts ans, dont les tristesses, causées par les premiers coups de la Révolution, étaient adoucies par la bonté et le dévouement de la comtesse, sa femme, née Françoise de Béral de Massabeau-Sédaiges, laquelle prodiguait ses aumônes aux pauvres et ses soins aux malades du pays.

Ils avaient neuf enfants : sept garçons et deux filles. Jean-Joseph, l'aîné, était capitaine au Royal-Cavalerie, le second François, était grand-vicaire de Mgr de Bonal, évêque de Clermont (1); les cinq autres étaient chevaliers de Malte. L'aînée des deux filles Catherine-Marie-Madeleine, avait épousé le marquis de Léotoing d'Anjony; la seconde Iphigénie vivait sans alliance au château de Fargues.

« Au début de la Révolution, le château fut le lieu de réunion de la noblesse du pays, qui vint plusieurs fois s'y concerter pour opposer quelque résistance aux flots envahisseurs. Puis, lorsqu'on eut reconnu que tous les efforts étaient inutiles et que la position n'était plus tenable, c'est là que l'on décida l'émigration en masse et que l'on forma les cadres du régiment des Dragons de Fargues, dans lequel servirent la plus grande

(1) La famille de Fargues était alliée avec la famille de Bonal et avec les plus puissantes familles d'Auvergne. Voir aux pièces justificatives, n° 1, un mariage de nobles.

partie des gentilshommes du pays. Tous les hommes de la famille émigrèrent. Il ne resta au château qu'un vieillard de quatre-vingts ans, André, comte de Fargues, que son grand âge avait empêché de suivre ses fils » (1).

Dans la liste des suspects les de Fargues sont ainsi notés par Carrier :

« Tous les individus de la famille de Fargues, ex-nobles, les plus dangereux du Cantal, ont donné le premier signal de la contre-révolution et de l'émigration. C'est dans leur ci-devant château que se tenaient les conciliabules clandestins et nocturnes de la ci-devant noblesse du Cantal, pour y tramer des complots contre la liberté et la révolution. Les patriotes insurgés contre les ci-devant nobles, s'étant portés à ce repaire, trouvèrent le château rempli d'armes et de munitions; les ex-nobles s'étaient enfuis à leur approche. Tous les fils de cette famille sont émigrés. »

Le vieux comte mourut le 1er janvier 1792 et moins de trois mois après, son château était livré à la dévastation.

« Les officiers municipaux de Vitrac avaient été sollicités, à deux reprises différentes, par des lettres de Milhaud, qui, malgré l'arrêté contraire

(1) *Histoire de la famille de Miramon*, p. 108.

du département, lui écrivait de procéder à la démolition du château de Fargues. Mais cette commune mettait peu d'empressement à exécuter de tels ordres, parce que les seigneurs de Fargues étaient aimés dans la contrée et que la châtelaine, notamment, distribuait des vêtements aux pauvres et s'employait avec un dévouement admirable à soigner les malades. Cependant, le lendemain des événements que nous venons de raconter, la municipalité crut prudent de suivre l'exemple de ses voisines. Après avoir convoqué la garde nationale de la Salvetat, elle fit arborer l'étendard national sur la grande tour et démolir les toits, sans permettre qu'on pénétrât dans l'intérieur du château. Mme de Fargues, avec ses filles, dont l'une était la marquise de Léotoing, et le chevalier de Bonal, leur cousin, assistaient à cette besogne, qu'on pensait être une mesure de précaution. Tout à coup, sur le penchant des coteaux, on vit apparaître une bande d'étrangers, dont les fusils et les fourches scintillaient au soleil : c'était la garde nationale de Boisset, qui venait de saccager le manoir de Conquans et qui s'apprêtait à faire subir à Fargues le même sort. Comprenant le danger, les châtelains font atteler un chariot et s'échappent en toute hâte, tandis que du haut de la grande tour, on leur crie de presser le pas. Il était temps, en effet. Déjà les ennemis pénétraient dans le bourg, à cinq cents pas du château, et la conduite qu'ils tinrent prouve combien la famille de Fargues dut s'estimer heureuse de ne pas être tombée entre leurs mains. A peine arrivée, cette horde de brigands, sans vouloir rien écouter, enfonça les portes et se mit à piller. Au même moment, arrivait un courrier, porteur d'une lettre de Milhaud, qui déclarait s'être ravisé et prescrivait de suspendre la démolition du château, parce que celui-ci pouvait servir de corps de garde. Mais les gens de Boisset, s'imaginant que la lettre du commandant était fausse et que c'était une manœuvre de la municipalité de Vitrac pour les éloigner, continuèrent de plus belle la démolition et le pillage, dont ils entassèrent le produit sur des chars. Pour comble d'audace, ils abattirent le drapeau qui était arboré sur la tour, déclarant que la bannière de Vitrac était indigne de flotter sur ces murailles régénérées.

Tant d'insolence mit à bout la patience des Vitracois, qui, aidés des habitants de la Salvetat, réussirent à expulser les étrangers. Mais ceux-ci revinrent bientôt à la charge, et une horrible bagarre s'ensuivit. Les deux communes s'attaquèrent à coups de haches et de fourches, et trois personnes furent blessées dangereusement dont une mourut le surlendemain. Les gens de Vitrac reconquirent pied à pied les appartements sur ceux de Boisset, qui, contraints de déguerpir, se répandirent sur le territoire de la paroisse, rançonnèrent un village tout entier, pillèrent le percepteur et un officier municipal, et se retirèrent enfin, la nuit venue, emportant leur butin et proférant les plus épouvantables menaces.

Ils ne tardèrent pas à les mettre à exécution. Le mardi suivant, les habitants de Vitrac et ceux de la Salvetat, qui se rendaient à la foire de Maurs, furent reçus à coups de fusils, dans le village de Bonnemayoux, par des jeunes gens apostés dans les chambres des deux côtés de la rue, tandis qu'une troupe de mégères les accablaient sous une grêle de pierres. Ceux qui parvinrent sur le champ de foire furent molestés au point d'être forcés de s'éloigner et de confier leurs bestiaux à des étrangers. Enfin, leurs ennemis firent tant et si bien qu'ils durent renoncer, pendant près de deux mois, à fréquenter les marchés de Maurs » (1).

Les officiers municipaux de Vitrac, furieux de

(1) *La Jacquerie* pag. 39.

ce que les gens de Boisset étaient venus sur leur propre territoire faire des actes de pillage et emporter le butin, exhalèrent leurs plaintes dans la délibération suivante :

« Nous, maire et officiers municipaux de la paroisse de Vitrac, nous nous rassemblâmes hier, 22 mars, pour suivre l'exemple de nos paroisses voisines, à l'occasion de la démolition des châteaux. Nous nous sommes transportés, à la tête de notre garde nationale et de celle de la Salvetat, audit château. Nous commençâmes par arborer l'étendard national et à démolir... La garde nationale de Boisset, ne se modérant pas dans le boire et le manger, entra dans le château, s'y comporta avec la plus grande brutalité : car, soit pendules, glaces, portes, armoires, vitres, papiers, enfin, tout ce qui se rencontrait devant eux, rien ne fut ménagé. Il s'en détacha même une quarantaine pour aller à un village bien patriote où elle se fit donner une certaine somme dans toutes les maisons et ceux qui voulaient s'y refuser étaient menacés de mort. De plus la garde nationale de Boisset emporte les meubles du château » (1).

Tous les membres de la famille de Fargues

(1) Taine *Hist. de la Révolution* t. 2 p. 177.

même les deux filles, sont portés sur la liste des émigrés du Cantal, par conséquent tous leurs biens furent vendus révolutionnairement ; remarquons toutefois que les domaines de Fargues et de Roumégoux ne furent vendus qu'après la mort de la comtesse douairière de Fargues, car celle-ci en avait la jouissance sa vie durant ; nous lisons en effet dans l'énumération des biens confisqués dans le Cantal ces paroles :

« La mère de Fargues a la jouissance de la terre de Fargues et de la terre de Roumégoux, sa vie durant, d'après une clause du contrat du mariage de son fils, la dite dame ayant envoyé un certificat de résidence, l'administration des biens ci-dessus ne doit appartenir au commissaire régisseur qu'après le décès de la dite dame ».

Fargues et Roumégoux ne tombèrent donc entre les mains de la nation qu'après la mort de madame de Fargues. Nous ignorons la date de cette mort, mais la comtesse a dû mourir pendant la Révolution, puisque Fargues fut vendu par la nation à un sieur Courbaize de Vitrac.

La vieille comtesse et sa fille Iphigénie, fuyant Fargues à l'époque du pillage du château, se sauvèrent à Lyon où elles furent arrêtées et écrouées dans les prisons, le 15 décembre 1793, par ordre du comité révolutionnaire. Mises en jugement, elles furent acquittées par le tribunal criminel du Cantal, le 9 mars 1794.

Pendant que les patriotes pillaient le château et dévastaient les propriétés de Fargues, les six frères émigrés signaient l'acte de coalition de la noblesse d'Auvergne et combattaient à l'armée de Condé dans le but de délivrer la France des tyrans qui l'opprimaient.

Quatre de ces vaillants jeunes gens moururent dans l'émigration : l'aîné Jean-Joseph, à Guérin, en Suisse, le 6 septembre 1794, Casimir, tué dans un combat, Antoine et leur frère dit le Commandeur de Barriac.

Arnaud, dit le chevalier de Fargues et son frère dit le Commandeur de Saint-Géniès, rentrèrent en France et devinrent sous la Restauration, le premier, directeur des haras de Pompadour, le second, directeur du haras d'Aurillac. Ils moururent sans postérité.

Leur frère François, dit l'abbé de Monteils, fut presque aussitôt après son ordination sacerdotale, appelé auprès de son cousin Mgr de Bonal, évêque de Clermont, qui le nomma Vicaire-Général.

A l'exemple de son évêque et avec le même courage l'abbé de Fargues refusa le serment à la

Constitution civile du clergé et, en 1792, après le 10 août, il fut arrêté à Paris comme prêtre réfractaire, traduit devant le comité de la section qu'il habitait et puis enfermé au couvent des Carmes, qui était devenu une des prisons de la capitale. C'est là qu'il devait cueillir la palme du martyre.

Le 2 septembre 1792, les prisons de Paris furent envahies par une troupe de scélérats qui massacrèrent sans pitié tous les détenus. Vers les deux heures de ce terrible jour, un Auvergnat, Joachim Ceyrat, commissaire du Comité de la section, se présenta aux Carmes et fit individuellement l'appel des prisonniers. C'est alors que commença le carnage ; à mesure que chaque prisonnier se présentait et défilait entre deux haies d'égorgeurs, les assassins se précipitaient sur lui et le massacraient à coups de haches, de piques. C'est ainsi que mourut l'abbé de Fargues.

Dans le registre d'écrou de la prison des Carmes, section du Luxembourg, notre martyr est ainsi désigné : « François Meallet Defargues, âgé de 28 ans, natif de la commune de Vitrac, district d'Aurillac, département du Cantal ».

Tel fut le sort des fils du comte André de Fargues. L'aîné seul laissait des enfants, deux garçons qui avaient émigré comme leur père et leurs oncles.

Le premier Antoine-Henri, fut officier de Dragons à l'armée de Condé, capitaine dans les Hulans au service de l'Autriche, puis capitaine au huitième régiment de Lanciers en France et Chevalier de la Légion d'Honneur. Il mourut sans postérité.

Son frère Jean-Joseph, rentré en France en 1801, se fixa à Lyon. Chevalier des Ordres de Saint-Louis et de la Légion d'honneur, de ceux de Saint-Jean de Jérusalem et de Saint-Léopold d'Autriche, membre, puis président de l'administration des hospices de Lyon, colonel de la garde nationale à cheval, membre du Conseil Général du département du Rhône, membre trois fois de la Chambre des Députés et maire de la ville de Lyon, le dernier comte de Meallet de Fargues mourut en 1818, avec la réputation d'un administrateur habile et d'un chrétien sincère (1).

Le comte de Fargues laissa trois filles dont l'une, Olympe, épousa, en 1826, Guillaume de Miramon auquel elle apporta en dot la terre de Fargues, rachetée par son père, l'ancien maire de Lyon.

(1) Voir son éloge funèbre prononcé le 22 mai 1818 à Lyon par l'abbé de Bonnevie, chanoine de l'église cathédrale.

CHAPITRE III

LES DE MEALLET DE COURS ET DE POLVEIRIÈRE — GENDARMES FUSILLÉS — L'ABBÉ DE MEALLET DE POLVEIRIÈRE — LES DE MEALLET DE FAULAT — L'ABBÉ DE FAULAT SUR L'ÉCHAFAUD.

Au XVIIIe siècle, un membre de la famille des de Meallet de Fargues s'était établi au village de Cours dans la commune de Senezergues, et cette nouvelle branche, comme le tronc dont elle était issue, brilla dans les guerres de Louis XV. Un rameau de cette branche se forma au village de Polveirière, même commune de Senezergues.

Les documents que nous transcrivons ici prouvent que les de Meallet de Cours de Polveirière furent comme toute la noblesse d'Auvergne, horriblement secoués, tourmentés, ruinés par la Révolution.

Nous lisons dans la *Révolution du Cantal* : « Il y avait au village de Polveirière deux Decours père et fils et dans un autre village un

Decours, neveu, dont le père était mort depuis neuf ans. Les biens des deux familles ont été sequestrés. Le neveu a soustrait sa personne à la grande tyrannie. Il s'est constitué prisonnier depuis le retour des lois et de la justice. Le représentant Musset lui a rendu la liberté. »

Dans la liste des suspects, on lit : « Meallet Decours père et fils, ex-nobles, contre-révolutionnaires ouverts, parlant hautement le langage de l'aristocratie, ayant mis leur commune en révolte et fait massacrer des patriotes par les armes du fanatisme, ayant été conspirer à Lyon et s'y étant trouvés lors de la dernière rebellion. »

Ils furent incarcérés ; nous lisons en effet dans la *Révolution du Cantal* :

« Le commissaire délégué du Comité de sûreté générale, aux citoyens administrateurs du département du Cantal :

Citoyens, je vous ai prévenu que, par arrêté du Comité de sûreté générale de la Convention du 14 messidor, j'ai été chargé de faire traduire dans la maison de la Force, à Paris, de brigade en brigade, Meallet-Decours père et fils. Decours père est mort. »

Il y avait dans cette famille un prêtre, porté sur la liste des émigrés. Voici ce que nous lisons, concernant cet esclésiastique, dans les Procès-verbaux de l'administration du Cantal séance du 19 ventose an 8 (10 mars 1800).

Nous copions presque textuellement le procès-verbal fait le 17 ventose (8 mars) par le citoyen Costes, brigadier de gendarmerie en résidence à Montsalvy. La brigade de cete résidence avait arrêté, dans la commune de Senezergues, le nommé Meallet de Polveirière, prêtre insermenté, porté sur la liste des émigrés; elle l'avait conduit à Montsalvy pour le transférer le lendemain dans la maison d'arrêt de la commune d'Aurillac; sur les huit heures du soir de la même journée, le citoyen Meallet, frère dudit prêtre, proposa à la brigade de le relâcher et offrit de donner ce qu'elle voudrait; la proposition fut rejetée et le lendemain, dix-huit, on fit partir ledit Meallet, prêtre, pour Aurillac, sous la conduite des citoyens Auzolles et Christophe Avier, gendarmes de la résidence de Montsalvy; Auzolles donna son cheval audit Meallet, prêtre, et monta sur celui du citoyen Costes, brigadier. Arrivés auprès de la forêt de Mazenobe, dans la commune de la Besserette et, étant descendus de cheval, les deux gendarmes furent assassinés sur la grand'route et tués sur la place par une troupe de brigands armés qu'on dit être au nombre d'une vingtaine ; la jument du brigadier fut atteinte d'un coup de feu. » L'abbé de Polverière fut ainsi sauvé.

Dans la commune de Marcolès, au village de Faulat, s'élève un château habité depuis un siècle environ, par une branche de la famille de Meallet de Fargues.

La famille de Meallet de Faulat était représentée en 1789 par François-Louis de Meallet de Faulat et ses deux fils.

L'aîné, appelé comme son père, François-Louis, était capitaine au régiment de la sarre-infanterie. Il venait d'épouser, en cette année 1789, Elisabeth-Françoise de la Roche dont il eut un fils unique, né en 1803.

Le cadet, appelé François, avait été élevé par son oncle, le Prévôt de l'église collégiale de Montsalvy, chez lequel il était resté dix ans. Il émigra et signa l'acte de coalition de la noblesse d'Auvergne.

Dans le Procès-verbal de la séance du 18 novembre 1792 de la municipalité de Marcolès, on lit ces mots : « Nous, officiers municipaux.... déclarons que François-Louis Meallet de Faulat, de cette paroisse, a son fils cadet émigré ou du moins réputé tel pour n'avoir pas habité la maison paternelle depuis le mois de septembre ou octobre 1791, que son père ne s'est pas présenté devant nous pour y faire la soumission requise par la loi. »

Le père et le fils aîné n'émigrèrent pas, mais ils furent en butte aux persécutions les plus cruelles. Leur château fut dévasté comme celui de Fargues, et leurs titres seigneuriaux brûlés en pleine place publique à Marcolès.

Ils furent arrêtés en 1793 et conduits à Aurillac, comme le constate l'arrêté que voici : « Séance du 3 novembre 1793, le conseil général permanent de Marcolès... arrête... que le commandant de la garde nationale de cette commune fournira sur le champ un détachement de dix hommes pour tout de suite se transporter, en vertu des présentes, au village de Faulat, de cette paroisse, dans la maison de François-Louis Meallet père et fils, pour leur intimer l'ordre de se rendre, comme père et frère d'émigré, tout de suite, escortés par ladite garde, dans la maison de réclusion d'Aurillac, avec sommation, de la part de la garde, auxdits Meallet père et fils, ainsi qu'a leurs filles ou sœurs, si aucunes ils ont chez eux, de se rendre de même dans la maison de réclusion escortés aussi par la dite garde, le tout à peine d'être réputés réfractaires à la loi. Et seront les dits gardes nationaux aux frais et dépens desdits Meallet. Bouquier, maire. »

Elisabeth de la Roche fut incarcérée aussi, quelque temps après, en décembre 1793, comme son mari et son beau-père ; les scellés furent posés sur tous leurs biens.

Après quatre mois de prison environ, M. de Meallet de Faulat et son épouse obtinrent à force d'argent leur mise en liberté. Voici ce qu'on lit à ce sujet dans la *Révolution du Cantal :*

« La citoyenne Faulat ayant été arrêtée ainsi que son mari, en nivôse (décembre 1793), on vint l'alarmer par des menaces de déportation et même de pis ; on lui dit que l'argent seul pouvait la tirer d'affaire et elle fut adressée à Alary. Elle le pria de venir et lui dit que, puisqu'il fallait donner, elle ferait le sacrifice de 25 à 50 louis ; il répondit qu'elle était bien loin de compte, qu'on ne pouvait offrir si peu au président, qu'il fallait au moins dix à douze mille livres. Elle protesta qu'elle aimait mieux être guillotinée que d'acheter ainsi la justice ; mais étant menacée de plus belle, elle vainquit sa répugnance, fit chercher de l'argent, et, après avoir bien disputé, donna elle-même 9,000 livres à Alary. Deux heures avant le jugement, Alary lui demanda encore 2,000 livres ; elle assura n'avoir pas le sol; il dit qu'il ne répondait de rien, si elle ne les donnait. Alors elle fit courir sa domestique, qui eut peine à les trouver. En les portant, cette fille eut l'idée d'en ôter la moitié, s'imaginant qu'il n'en serait ni plus ni moins. Elle donna donc mille livres à Alary, ce qui faisait 10,000 livres dont on se contenta. Elle observe qu'il lui dit, qu'il y allait de sa tête si elle ne gardait le secret. » Ainsi moyennant dix mille francs. M. et Mme de Faulat obtinrent leur élargissement.

« Séance du 26 ventôse an 2 (16 mars 1794) nous, officiers municipaux soussignés, certifions que le citoyen François-Louis Meallet Faulat, et la citoyenne Laroche, son épouse, habitants de cette commune, se sont présentés en notre maison commune, et qu'ils ont représenté un extrait du jugement portant leur acquit et mise en liberté du 22 courant (12 mars 1794) signé par le citoyen Hébrard, président du tribunal criminel, et Palis, greffier, et ont signé avec nous. Méallet, Laroche-Meallet. Bouquier maire. »

L'acquittement prononcé à Aurillac n'empêcha pas Carrier d'inscrire les deux nobles persécutés sur la liste des suspects. Voici en quels termes :

« Meallet dit de Faulat ex-noble, contre-révolutionnaire achevé, se targuant d'être aristocrate, ayant trempé dans différentes conspirations. — La femme dudit Meallet Faulat, contre-révolutionnaire, aussi déhontée que son mari, ayant conseillé à son mari d'émigrer. »

Le père n'est pas signalé comme suspect par Carrier, parce qu'il était en prison au Luxembourg, à Paris, où il avait été envoyé malgré une forte somme d'argent donnée à Hébrard. On lit en effet dans la *Révolution du Cantal :* « Hébrard a reçu par l'entremise d'Alary, cadet, des accusés ci-après, savoir... de Meallet-Faulat environ sept à huit mille livres... » Il recouvra sa liberté le 14 décembre 1794, comme le constate le procès-verbal suivant :

« Séance du 6 pluviose an 3 (25 janvier 1795) ... Vu l'arrêté du Comité de sûreté générale et de surveillance de la Convention nationale portant que le citoyen François-Louis Meallet de Faulat, détenu au Luxembourg sera mis en liberté et les scellés levés, en date du 24 frimaire dernier (14 décembre 1794). Le conseil nomme pour lever les scellés le citoyen Jean Vidalenc ».

Le fils aîné de Faulat obtint, le 14 fructidor (31 août 1795), un certificat de résidence et de civisme dans lequel il est dit : « qu'il n'est pas parvenu à notre connaissance que ledit François-Louis Meallet, du lieu de Faulat, ait participé en rien aux démarches de son frère cadet, qu'il est de notre connaissance que les deux frères n'étaient pas bien ensemble, que son frère habita dix ans avant la révolution chez son oncle ex-prévôt de Montsalvy, que par intervalle il reparaissait à la maison de Faulat pour y voir son père. »

Le père et le fils aîné n'ayant pas émigré, leurs propriétés ne furent pas déclarées biens nationaux. Mais, on rechercha les biens et les droits du cadet parce qu'il était émigré. On lit, en effet, dans la liste des biens nationaux :

« Municipalité de Marcolès. Le sieur Meallet-Faulat cadet a des droits légitimaires que le commissaire régisseur doit rechercher.

« Municipalité de Leynhac. Le sieur Meallet-Faulat possède dans le territoire de ladite municipalité un domaine appelé de Lavergne sur lequel son fils émigré peut avoir des droits... Le commissaire régisseur est chargé de faire la recherche des biens appartenant audit Méallet-Faulat, cadet. »

Ce cadet de Méallet de Faulat dans l'émigration, signa l'acte de coalition de la noblesse d'Auvergne.

Les Méallet de Faulat eurent leur martyr comme les Méallet de Fargues.

Jean-Pierre de Méallet de Faulat naquit au château de Faulat ; devenu prêtre, il fut nommé prieur de Marcolès, sa paroisse natale, où il resta jusqu'en 1782 ; il permuta avec Hyacinthe-Gaston de Polveirière, abbé de Montsalvy. L'abbaye des chanoines réguliers de saint Augustin de Montsalvy fut sécularisée en 1764. Les chanoines réguliers devinrent des chanoines séculiers et l'abbaye devint une église collégiale dont le chef portait le titre de prévôt.

En 1787 Jean-Pierre de Faulat, prévôt et seigneur de Montsalvy, fut élu membre de l'Assemblée provinciale d'Auvergne. Il y faisait partie du bureau de la comptabilité. La tempête grondait et s'avançait comme un ouragan sur Montsalvy ; elle éclata terrible et fracassa noblesse, clergé et vieilles institutions.

Après la suppression du chapitre collégial, l'abbé de Faulat se retira dans sa famille, puis ayant refusé tout serment, il fut obligé de se cacher et, considéré comme émigré, il fut porté sur la liste des émigrés du Cantal.

D'après les lois d'août 1792 les prêtres insermentés qui n'avaient pas soixante ans, étaient condamnés à la déportation hors de France, ceux qui avaient soixante ans devaient se rendre en réclusion à Aurillac. M. de Faulat était de cette dernière catégorie, mais il refusa de se constituer prisonnier et continua à se cacher.

« Séance du 18 novembre 1792, nous officiers municipaux de Marcolès... déclarons qu'il y a à Faulat, Pierre-Jean Méallet ci-devant Prévôt de Montsalvy; qu'il y a habité à sa sortie de Montsalvy jusqu'environ le mois de mai ou juin dernier; que depuis trois ou quatre mois, il voltige tantôt d'un côté, tantôt de l'autre, mais que nous ne le voyons pas fréquenter le territoire de cette paroisse. »

L'abbé de Faulat alla chercher un asile sur les confins de Rouergues, dans les communes de Lavignac et de Monredon, district de Figeac (Lot).

Inconnu dans ce pays, il se trouva à l'abri de l'orage durant la terrible année 1794. Après la mort de Robespierre, le proscrit crut à la fin de la persécution et se montrant plus hardi il ne prit presque aucune précaution pour se cacher aux yeux des révolutionnaires. Mais tout à coup au village de Splancat, commune de Monredon, il tombe entre leurs mains; ils le conduisent à

Figeac, puis à Cahors où siégeait le tribunal criminel du Lot. Par sentence du 3 vendeniaire an 3 (24 septembre 1794) il est condamné à mort comme prêtre réfractaire, deux mois après la chute de Robespierre. Le même jour il est conduit à l'échafaud au milieu d'une population terrifiée. A la rage révolutionnaire on ajoute le sacrilège. La victime est revêtue des ornements sacerdotaux, de l'aube, de l'étole, de la chasuble et le saint prêtre va à l'échafaud comme il allait à l'autel. Ils faisaient mieux qu'ils ne pensaient, les enragés démagogues. Ils voulaient tourner la victime en dérision et ils la paraient des ornements nécessaires au sacrifice. C'est en effet le dernier sacrifice qu'allait offrir le saint prêtre, il monta à l'échafaud et de l'échafaud au ciel.

CHAPITRE IV

DÉVASTATION DES CHATEAUX DANS LE DISTRICT DE SAINT-FLOUR : — BÉLINAY — ROCHEBRUNE — NEYREBROUSSE — LA VOLPILIÈRE — VIGOUROUX.

Dans le district de Saint-Flour, comme dans les autres districts du département, le pillage des châteaux et la chasse aux nobles étaient poussés vigoureusement.

Dans la commune de Paulhac, canton de Saint-Flour, le château de Bélinay fut le théatre d'une scène qui faillit devenir tragique.

Le propriétaire du vieux castel, Maurice de Bonafos, seigneur de Bélinay, capitaine des chevaux-légers de la garde-royale, fut saisi dans son château par les paysans qui, là comme partout, exigeaient de leur seigneur la destruction des titres des cens et rentes qu'ils ne voulaient plus payer.

Ils le conduisirent à Paulhac, la corde au cou, au milieu des cris et des insultes de la foule ameutée qui lui aurait fait un mauvais parti, si un ami, M. Sainthéran, ne l'eût adroitement arraché de ses mains. « Messieurs, dit-il aux paysans, vous ne pouvez pas tuer cet homme sans l'avoir auparavant jugé ; vous encourriez les peines les plus graves. Enfermons-le aujourd'hui dans le four parce qu'il est trop tard, demain nous le jugerons et s'il est coupable, nous lui ferons subir le dernier supplice. »

Il le fit évader pendant la nuit et, sous prétexte de courir à sa poursuite, il l'accompagna jusqu'à la frontière.

Le château et la terre de Bélinay furent déclarés bien nationaux, vendus et achetés par M. Tallandier, négociant à Murat, sur l'invitation qui lui en avait été faite par le seigneur de Bélinay lui-même.

Quand celui-ci rentra de l'émigration, M. Tallandier lui rendit sa propriété, mais comme M. de Bonafos ne put pas lui rembourser l'argent de l'achat, il fut convenu que M. Tallandier jouirait de Bélinay sa vie durant. M. de Bonafos, étant mort sans avoir opéré le remboursement, M. Tallandier resta propriétaire du château et de la terre de Bélinay.

Ainsi disparurent de nos montagnes les seigneurs de Bélinay. Une branche de cette famille habite aujourd'hui le département de la Corrèze.

Dans la même commune, les châteaux de Bracou et de Chambon furent vendus nationalement. Celui de Jarric, qui appartenait à la famille Dubois, ne fut pas vendu, mais presque tous les biens qui en dépendaient furent confisqués par la nation (1).

Le canton de Pierrefort fut le théâtre de scènes lamentables.

Dans la paroisse d'Oradour, sur une roche basaltique, s'élève le château de Rochebrune, habité, en 1789, par la famille de Rochebrune, qui se composait à cette époque du baron Jean-Baptiste de Brugier de Rochebrune, de son fils et de son frère, grand-vicaire de Saint-Flour. Il fut dévasté, ses créneaux démolis et ses propriétaires, père et fils, obligés de s'expatrier, périrent dans l'émigration. Le nom de Rochebrune s'éteignit au pied de l'autel dans la personne de M. l'abbé de Rochebrune.

A Cezens, paroisse voisine, on voyait le château de Neyrebrousse, propriété seigneuriale du marquis de Beaufort-Cassagne de Miramon. Au mois de mars 1792, l'ouragan révolutionnaire

(1) *Histoire de Paulhac* par M. l'abbé Pautard, chan. hon. — *Dict. hist. du Cantal.* Art. Paulhac par P. de Chazelles.

se heurta contre ses vieux murs et ne laissa pas pierre sur pierre. Ses matériaux servirent à des constructions diverses ; aujourd'hui, à peine découvre-t-on quelques vestiges du donjon féodal.

Dans la même commune de Cezens, se trouve le château de Perpezat. Fut-il dévasté comme ses voisins ? Nous savons seulement que Antoine de la Roche, fils du chatelain, émigra et qu'il fut dans la suite chevalier de Saint-Louis, maire de Cézens où il fit d'immenses améliorations.

Sur la commune de Saint-Martin-sous-Vigouroux, canton de Pierrefort, existaient trois châteaux : La Volpilière, Vigouroux et Lescure. Ils furent tous les trois mis à sac par un ramassis d'émeutiers brutaux et ensauvagés.

Le château de la Volpilière, composé de plusieurs tours, situé à mi-coteau, avec une belle vue, appartenait à la famille de Greil de Rastignac. Après sa dévastation, les ruines faites alors s'agrandirent par la suite et bientôt elles disparaîtront complètement emportant dans l'oubli un des noms les plus illustres de l'Auvergne.

Le château de Vigouroux et celui de Lescure étaient habités par deux branches de la famille de Lastic, une des plus puissantes de l'Auvergne ; elle tirait son nom d'un ancien château féodal situé dans la paroisse de Lastic, canton nord de Saint-Flour.

La branche de Lastic de Vigouroux était représentée en 1789 par la comtesse de Lastic, née Véal de Bleau, seconde femme du comte déjà mort, et par ses trois enfants : Annet-Joseph l'aîné, Melchion qui mourut célibataire et Marie-Madeleine qui épousa Rancillac de Chazelles.

A côté d'eux vivait leur oncle François-Maurice de Lastic, capitaine au régiment d'Auvergne; qui s'était marié en Flandre et qui avait amené sa femme en Auvergne.

Ces six personnages eurent cruellement à souffrir de la Révolution. Leur château devint la proie des pillards qui brisèrent les armoiries et exercèrent toutes sortes de concussions. Au-dessus de la porte d'entrée était sculptée en relief une *Annonciation;* cet objet d'art ne fut pas épargné ; toutes les statues furent mutilées à coups de marteau.

Tout près du château, au sommet du rocher s'élevait une chapelle, dédiée à saint Laurent, assez vaste pour contenir les habitants du gros village de Vigouroux. A cause de l'éloignement, un chapelain de Saint-Martin venait y dire la messe les jours de fêtes et les dimanches.

La bande dévastatrice démolit le clocher après en avoir enlevé les deux cloches. Après la Révolution cette chapelle étant tombée en ruines, les habitants du village firent construire une église qui fut érigée en paroisse.

Les propriétés de Vigouroux ne furent pas vendues nationalement parce que la comtesse en avait l'usufruit, mais son fils ayant émigré, la loi lui enleva les vingt mille francs que son père lui avait donnés par testament.

Ces vingt mille francs sont notés dans la liste des biens nationaux en ces termes :

« Le sieur Annet-Joseph Delastic a une portion légitimaire sur la succession de son père réglée à vingt mille livres par le testament olographe dudit son père. »

Le manoir de Vigouroux existe encore, mais ses seigneurs n'y sont plus. Le comte Joseph-Annet de Lastic, page de Louis XVI, chevalier de Saint-Louis, émigra avec son oncle, signa l'acte de coalition de la noblesse d'Auvergne, fut plus tard chambellan de l'impératrice Joséphine, inspecteur général des haras, député du Cantal. Il avait épousé en 1807, Charlotte-Octavie de Lastic, sa cousine, de la branche de Sieujat-Parentignat, et cette jeune comtesse, trouvant sans doute trop froides et trop tristement solitaires les montagnes d'Auvergne, préféra le doux climat du pays de sa naissance.

Le comte vendit la terre de Vigouroux et le château de Lescure qu'il avait acheté et alla fixer sa demeure dans le Puy-de-Dôme au château de Parentignat, où il mourut en 1866 dans un âge très avancé, après avoir donné l'exemple de toutes les vertus et mérité le surnom de Providence de son pays. Son oncle François-Maurice de Lastic et sa femme étaient morts depuis longtemps à Vigouroux sans laisser d'enfants pour garder le souvenir des aïeux dans ces montagneuses régions.

CHAPITRE V.

CHATEAU DE LESCURE. — FAMILLE DE LASTIC. — MGR DE LASTIC ET SON FRÈRE. — MORT TRAGIQUE DU COMTE DE LASTIC.

De Vigouroux passons à Lescure.

Le château de Lescure, qui existe encore, est une agréable habitation située sur un monticule dans la vallée de Brezons, entourée de belles prairies et de vastes forêts. Son seigneur Hugues de Lastic était fils d'un cadet de Vigouroux et d'une demoiselle de Bélinay.

Il avait épousé une demoiselle de Beauclair de laquelle il avait deux filles. Devenu veuf, il se maria en secondes noces avec mademoiselle d'Escorailles qui ne lui donna pas d'enfants.

Il avait trois frères :

Pierre-Joseph, né en 1727, vicaire général de Châlons-sur-Marne, puis en 1771, sacré évêque de Rieux, diocèse de la province ecclésiastique de Toulouse.

4

Le chevalier de Lastic, officier supérieur dans la marine royale, mort sans enfants ;

François, qui fut grand-vicaire de Rieux sous l'épiscopat de son frère. Pour cette auguste famille la Révolution fut cruelle, atroce :

L'évêque de Rieux et son frère le grand-vicaire sont portés sur la liste des émigrés du Cantal. Ils émigrèrent en effet en Espagne et Mgr de Lastic mourut au monastère de Mont-Serrat, en Catalogne.

Leur frère aîné eut encore un sort plus malheureux. Il était déjà vieux quand la Révolution commença. En 1787, il fut nommé syndic de la noblesse et du clergé de l'assemblée provinciale d'Auvergne ; là, le comte de Lastic joua un rôle de conciliation ; c'était un homme droit et bienfaisant, d'un grand cœur comme le prouvaient ses aumônes et ses bons conseils. La Révolution ne lui tint aucun compte de ses qualités, de ses bienfaits, de ses procédés obligeants. Il était noble ; c'était un crime épouvantable.

En mars 1792, époque de fièvre révolutionnaire, de surexcitation haineuse contre la noblesse et le clergé, un attroupement de gens égarés et avides de pillage, se porte sur le château de Lescure, le saccage, brise où emporte les meubles, abat la toiture de la tour et enlève tous les grains qu'on se partage ensuite.

Cependant les malheureux qui avaient enlevé le blé du château eurent quelques remords de leur inqualifiable conduite et envoyèrent un exprès au comte pour le prier de vouloir bien leur donner les grains enlevés. On lit en effet dans le cahier des délibérations du directoire de St-Flour :

« Quelques jours après (le pillage) un membre de la municipalité de Saint-Martin, canton de Pierrefort, se porta chez M. de Lastic en son château de Lescure pour le prévenir que s'il ne s'empressait pas de faire don aux pauvres de la paroisse du blé enlevé chez lui par les habitants de Vigouroux, son château serait de nouveau saccagé. » Il est à présumer que le comte fit don de ses grains.

Cependant à la nouvelle des dévastations que faisaient les paysans égarés, dans le canton de Pierrefort, le Directoire du district de Saint-Flour écrivit le 1er avril 1792 à la municipalité de Saint-Martin pour lui rappeler le respect de la propriété. Il prévint en outre le Directoire du département des désordres qui avaient lieu dans le pays et le Directoire fit venir des troupes de ligne pour rétablir et maintenir le bon ordre (1).

L'effervescence se calma en effet pour quelque temps du moins. Mais le comte de Lastic n'en demeura pas moins étonné et douloureusement ému de l'agression inattendue dont il avait été l'objet. Il ne comprenait pas qu'étant lui-même bienveillant, les paysans fussent malveillants pour lui ; il pensa avec raison que le peuple se laisse facilement tromper et égarer par quelques meneurs. Dix furieux et vingt drôles suffisent en effet pour mettre tout un pays en déroute.

Il oublia tout et chercha à se faire oublier ; il arriva ainsi jusqu'à l'année 1794 ; mais alors les événements tournèrent au tragique.

On sait que les membres du *Comité Révolutionnaire* du Cantal, puis ceux de la fameuse *Commission* qui lui succéda, avaient un moyen très efficace de s'annexer les biens et l'or des aristocrates. Il consistait à arrêter à la poste toute lettre écrite à des gens suspects ou à des émigrés, puis on prévenait l'auteur de la lettre de la triste position où il s'était mis en entretenant des relations avec les émigrés, puisque ce délit était puni de la peine de mort, lui faisant entendre en même temps qu'il n'avait qu'un

(1) Cahier des délibérations du district de Saint-Flour.

moyen de se tirer d'embarras, racheter la lettre, par une somme d'argent.

On faisait encore mieux et c'est ici le maximum du coquinisme ; on fabriquait de fausses lettres, écrites à ou par l'aristocrate dont on convoitait la fortune. Le malheureux avait beau protester qu'il n'avait écrit ni reçu de telles lettres, on persistait à l'affirmer, si bien que l'accusé persuadé qu'il serait perdu si ces lettres, quoique fausses, paraissaient au tribunal, finissait, pour qu'elles lui fussent rendues, par offrir une somme considérable, ce que précisément voulaient les atroces faussaires.

M. de Lastic fut victime d'une pareille manœuvre : on montrait une lettre (1) écrite par lui à son parent M. de Fabrègues émigré. L'avait-on arrêtée à la poste, ou trouvée dans les papiers du vieux comte ? l'avait-on fabriquée ? On ne peut rien affirmer à ce sujet. Quoi qu'il en soit une lettre fausse ou vraie était tombée entre les mains de Boudier et de Fau, deux enragés démagogues d'Aurillac, deux concussionnaires effrontés.

Cette lettre servit de prétexte à l'arrestation de l'infortuné de Lastic. « Ce vieillard inoffensif

(1) Quelques-uns disent deux.

et bienveillant, dit Boudet, était tellement vénéré dans ses montagnes que la société populaire de Saint-Flour ne crut pas pouvoir lui refuser une délibération favorable après son arrestation.»

Il n'en fut pas moins conduit prisonnier à Aurillac et traduit devant le tribunal criminel. Pour racheter la fatale lettre et éviter un jugement, M. de Lastic offrit douze mille francs, qu'il fit porter par son beau-frère, M. de Beauclair, au citoyen Alary, procureur très influent auprès des juges, vrai fripon, ardent à trafiquer de la liberté, de la fortune et de la vie de ses concitoyens. Il devait partager cette somme avec Boudier et Fau, détenteurs de la lettre.

De Lastic en outre fit distribuer aux juges dont il connaissait la vénalité des sommes d'argent dans l'espoir d'obtenir un acquittement.

Nous en avons la preuve dans la déposition des témoins entendus dans le procès que l'on fit plus tard aux concussionnaires du Cantal. Voici sur l'affaire de Lastic, ce que déposèrent Perret, homme de loi à Aurillac, de Beauclair, beau-frère de Lastic et Alary l'homme aux convoitises grossières.

Perret : « Il dit que Lastic a acheté tout le tribunal, que Dèzes avait eu quatre mille livres (francs) et Ruat, six mille ; que le président Hébrard n'avait pas eu la plus petite portion ; que Boudier avait reçu douze mille livres partageables avec Fau pour livrer deux lettres de Lastic. »

Alary : « Ce que vous venez d'entendre est vrai. Pour avoir des lettres de Lastic qui étaient au district, j'ai compté douze mille livres en assignats ou billets à Boudier qui disait devoir en donner à Fau, agent national, pour acheter son silence. »

Beauclair : « J'ai donné à Alary pour racheter une lettre trouvée dans les papiers de Lastic, mon beau-frère, et qui était entre les mains de Fau, agent national, et de Boudier, administrateur, une somme de douze mille livres, dont 6,000 en assignats et deux billets au porteur de trois mille chacun.

« Toutes ces sommes, ajoute la *Révolution du Cantal*, ont été inutilement répandues. Lastic ne fut pas jugé par le tribunal criminel du Cantal, il fut envoyé au Tribunal Révolutionnaire de Paris sous la garde de Boudier aîné et guillotiné quarante huit heures après son arrivée à Paris. » (1) mais entrons dans quelques détails sur l'ignoble procès intenté à M. de Lastic, voici ce que dit le Président lui-même, Hébrard :

(1) *La Révolution du Cantal* page 45.

« Lastic, traduit au tribunal du Cantal, y est interrogé par moi; je lui fais quelques questions; il répond par le désaveu formel d'avoir jamais écrit. J'envoie le greffier au district pour demander cette lettre; point de réponse. J'y vais moi-même... Un des administrateurs, Besse, la cherche avec moi dans tous les papiers de l'ancien *Comité Révolutionnaire*, mais inutilement; je vois bien aujourd'hui comment et pourquoi elle n'y était plus.

Cependant le procès de Lastic s'instruisait à force; l'accusateur public avait déjà entendu des témoins en grand nombre, et présenté contre lui un acte d'accusation terrible, qui, néanmoins *cette pièce* (la lettre) *manquant, ne portait sur presque rien.*

Un événement dont le récit ne peut être ici une inutilité, arrêta cette instruction. Rose de Nastrac (religieuse), une proche parente de Bouillé, la Faulat, sa mère, son mari, une ex-religieuse appelée Latapie; tous accusés de différents délits prétendus contre-révolutionnaires venaient d'être acquittés, sauf la Nastrac, qui comme spoliatrice et retentionnaire de titres féodaux et nationaux, obtint quelques années de réclusion. Ce jugement fut hautement improuvé par les énergiques d'alors et dénoncé par

Milhaud, l'aîné, et par Coffinhal, accusateur public, au représentant Bo (1), qui prit aussitôt contre les jurés une mesure inattendue et très vive et qui, dans des termes très durs, ôta au tribunal, jusqu'à nouvel ordre, la compétence des délits contre-révolutionnaires. » (2)

A cette époque, malgré les juges, qui étaient d'une vénalité scandaleuse, malgré les efforts des jacobins, qui étaient d'une avidité insatiable, plusieurs autres acquittements avaient été forcément prononcés, grâce à l'indulgence des jurés qui, plus honnêtes, avaient quelque pitié de ces malheureux accusés, dont le seul crime était d'être nobles ou riches.

Furieux de cette conduite, le représentant Bo ordonne l'arrestation de plusieurs membres du jury, et arrête que désormais les aristocrates, les contre-révolutionnaires seront envoyés, pour être jugés, au tribunal révolutionnaire de Paris, plus juste celui-ci, disait-il, et plus expéditif. *Juste*, non, plus *expéditif*, oui, certainement, car là on expédiait vite pour l'autre monde.

En vertu de cet arrêté, plusieurs personnes

(1) Ce député à la convention, avait été envoyé dans le Cantal pour accélérer le mouvement révolutionnaire.

(2) Réponse d'Hébrard.

furent désignées pour partir pour la capitale entre autres : « Devèzes, Casses, Lastic, la Fontanges, Lapachevie, la Méallet femme d'Anjony, l'ex-chevalier Bonal, Sartiges, la Tallemandier, sa femme, etc. » (1).

Ils ne partirent pas tous ensemble, mais successivement ; heureux ceux qui trouvèrent le moyen de retarder le fatal voyage, Robespierre étant mort avant leur arrivée à Paris, ils furent sauvés. M. de Lastic n'eut pas cette chance.

Il dut le premier partir pour la capitale. Boudier, l'aîné, lieutenant de gendarmerie, eut ordre de l'escorter.

Arrivé à Paris, le vieux comte est autorisé à voir un homme de son pays qu'il connaissait, un certain Pagès, ci-devant cordonnier ; il lui fait part de ses malheurs et lui donne vingt mille francs à condition qu'il usera de son influence auprès de Coffinhal, membre du tribunal, pour obtenir sa mise en liberté ; Pagès promet de le recommander et, il va en effet trouver son ami Coffinhal, qui était aussi du Cantal. Que se dirent ces deux hommes ? On le devine en voyant l'issue de cette triste affaire. On enleva au comte la bourse et la vie.

(1) Réponse d'Hébrard p. 63.

Coffinhal interrogea M. de Lastic :

D. — Aimez-vous la révolution et adoptez-vous le gouvernement républicain?

R. — Oui.

D. — N'avez-vous pas refusé du grain au peuple qui manquait de subsistance?

R. — Jamais de ma vie.

Ce fut à peu près tout; c'était pour la forme. Coffinhal dresse lui-même l'acte d'accusation, le fait signer par Fouquier-Tinvile et prononce la sentence de mort.

M. le comte Hugues de Lastic monte sur la charrette qui doit le conduire à l'échafaud; à ses côtés sont Villerant, curé de Montargis, Lambert, surnuméraire de l'enregistrement à Dieppe, Raclet, de Sonnevoire, (Haute-Marne); Rocquenet, homme de loi à Chaumont; Thomassin, ex-noble de Saint-Diziers; Alexandrine-Félicité Mandat, femme de Thomassin; Fougeret, receveur des finances, tous accusés d'avoir eu des relations avec les émigrés ou les ennemis de la République.

Ces huit autres victimes montent les unes après les autres sur l'échafaud et le sang coule à flots. C'était le 23 floréal, an. II (12 mai 1794).

Hugues de Lastic avait soixante-quatorze ans (1).

Il laissait deux filles de son premier mariage avec Mademoiselle de Beauclair. L'une épousa M. de Pesteils de la Majorie, l'autre, M. de Florac-Gourdon. Cette dernière resta héritière de la terre de Lescure. Son fils Joseph Florac-Gourdon la vendit, en 1810, à son cousin Annet-Joseph de Lastic de Vigouroux qui devint ainsi propriétaire des deux châteaux.

Mais bientôt il les vendit, lui aussi, pour aller habiter le château de sa femme à Parentignat, dans le Puy-de-Dôme. Ainsi disparut de nos montagnes cette noble et forte race des Lastic.

M. Paul de Chazelles, descendant par sa mère des Lastic de Vigouroux, a pu dire en toute vérité et laisser échapper de son cœur en larmes, dans un jour de mélancolique tristesse, ces paroles d'un éternel adieu aux lieux de son origine.

« La dernière génération, habitant Vigouroux est descendue dans la tombe ; la vieille race a été enlevée à la montagne. Cendres de mes pères, le gazon qui vous recouvre ne fléchira plus sous

(1) *La Révolution du Cantal* p. 35. — *Le Moniteur universel* T. 20, p. 472. — La réponse d'Hébrard, p. 66. — *Le Tribunal Révolutionnaire* de Paris, T. 3, p. 433. — *Les Tribunaux criminels* par Boudet, p. 60.

la pression du genou de vos enfants venant soupirer la prière du souvenir ! vos descendants ne dormiront pas leur sommeil près de vous ! encore quelques jours et personne dans le pays ne pourra dire : Là repose cette noble lignée bienfaitrice de nos contrées » (1).

(1) *Dictionnaire statistique du Cantal,* art. Saint-Martin-sous-Vigouroux.

CHAPITRE VI

DEUX ADRESSES DU DIRECTOIRE DU CANTAL POUR LE RÉTABLISSEMENT DE LA TRANQUILLITÉ PUBLIQUE. — MANDEMENT DE THIBAULT DANS LE MÊME BUT.

Les tristes événements que nous venons de raconter dans les chapitres précédents nous présentent l'affreux tableau de l'anarchie où se trouvait le département du Cantal, dans les premiers mois de 1792. Débordé par le flot révolutionnaire, le Directoire du Cantal essaya de dominer la situation et fit un appel à la concorde par une adresse envoyée aux habitants du département, en date du 20 mars 1792. La voici presque en entier :

« Citoyens et frères. La voix de vos administrateurs arrivera-t-elle jusqu'à vous pour vous parler le langage des lois et de l'humanité ou sera-t-elle étouffée par les clameurs de la sédition et les hurlements du fanatisme ? Des citoyens à qui vous avez donné votre confiance auraient-ils donc perdu votre estime? Qu'ont-ils fait pour mériter les soupçons et les méfiances dont on cherche à les environner? Ils ont toujours eu pour la Constitution un respect religieux? Citoyens, vous l'aimez vous-mêmes, cette belle Constitution, mais prenez garde que trop d'enthousiasme à la protéger ne la déchire; modérez les élans de votre zèle. Il ne suffit pas de l'aimer, il faut encore la respecter et lui obéir; il faut que les corps, qui tiennent d'elle et de votre suffrage leur être et leur organisation, soient encouragés et soutenus par l'opinion publique. Ainsi lorsque le souffle de la calomnie attaquera la conduite de vos administrateurs, ne vous hâtez pas de les juger sans examen. Remontez à la source empoisonnée d'où découle l'imposture. Voyez quels sont les hommes intéressés à semer le désordre, à inspirer le mépris des lois; vous découvrirez sans peine que c'est un nouveau complot de l'aristocratie; que ce complot est d'autant plus dangereux, que, sous le masque séduisant du patriotisme, il tend à briser tous les nœuds de l'organisation sociale, à nous plonger dans le chaos de l'anarchie qui mène inévitablement au despotisme civil et religieux... Les aristocrates savent bien que tant que les corps constitués seront un point de ralliement pour les véritables et nombreux amis de la Constitution, il n'est point de forces humaines capables de redonner des chaînes au peuple français ; ils savent bien, les aristocrates, que ce n'est qu'en semant les soupçons en calomniant tour à tour les corps constitués, en armant les campagnes contre les villes et les villes contre les campagnes qu'ils peuvent parvenir à renverser l'édifice de la Constitution.

Ne nous le dissimulons pas, nous sommes dans une crise... Les puissances de l'Europe font des préparatifs formidables pour attaquer notre liberté. Le levain de la guerre civile fermente dans toutes les parties de l'intérieur... Le fanatisme secoue ses torches, aiguise ses poignards, menace et frappe ses victimes.

Nous marchons sur la lave d'un volcan... Les ennemis de dehors sont sur le point d'attaquer nos frontières ; si nous sommes unis et calmes nous les repousserons... mais si nous sommes livrés aux fureurs d'une guerre intestine... l'ennemi nous subjuguera sans peine... Que notre Constitution ait des ennemis, cela se conçoit... les uns se préparent à la combattre à force armée et ceux-là sont bien coupables de vouloir pour des prérogatives et des privilèges oppresseurs et usurpés, ensanglanter le sol de leur patrie ; c'est contre ces forcenés qu'il faut montrer l'énergie d'un peuple libre... Les autres, non moins dangereux et non moins criminels, enveloppés du manteau de la religion qu'ils outragent, répandent dans les âmes crédules et timorées des semences de division et de haine... Citoyens, respectez les personnes et les propriétés. Vous savez que la loi met sous la main de la nation les biens des émigrés.... Si vous les dégradez, vous tarissez la source d'un revenu sacré puisqu'il doit être employé à la défense de la Patrie.

Et vous que la confiance publique a portés aux places municipales, usez de tout l'ascendant qu'elles vous donnent sur l'esprit de la jeunesse de votre commune pour la ramener ou la tenir sous le joug salutaire de la loi... Ce n'est qu'en faisant respecter la loi que vous ferez respecter vos places. Vous ne pouvez jamais servir plus utilement la chose publique qu'en mettant un frein à la fougue et à l'exaltation d'une jeunesse qui fait souvent consister le patriotisme dans l'insubordination, l'indiscipline, la violation des droits sacrés des personnes et des propriétés... Le but de cette jeunesse est louable sans doute, puisqu'elle pense voler au secours de la liberté ; mais les moyens qu'elle met en œuvre la conduiraient au but diamétralement opposé, car la licence conduit à la servitude...

Signé, Destaing, vice-président, Célarier, Capelle, Marmontel, Teillard, Lamouroux et Ganilh administrateurs et Charles Vacher, procureur-général-syndic.

Aurillac le 20 mars 1792 ».

Dans cette adresse haineuse et maladroite on ne trouve pas un seul mot de blâme infligé aux forcenés qui venaient de massacrer M. de Niocel, aux bandits de Milhaud qui incendiaient les châteaux ; au contraire, dans cette adresse et dans celles que nous allons rapporter, on ne cesse de crier sus aux aristocrates, ces *fanatiques*, ces *énergumènes*, ces *ennemis du peuple*, ces *scélérats !* N'est-ce pas irriter les esprits au lieu de les calmer ? n'est-ce pas exciter de plus en plus dans le cœur des citoyens des haines sauvages contre ces malheureuses victimes que l'on signale comme la cause de tous les malheurs ?

En effet l'adresse produisit l'effet contraire à celui que l'on attendait et les dilapidations, les insurrections continuèrent de plus belle.

Le jour même ou le lendemain de l'envoi de l'adresse, Milhaud arrivait de Montsalvy à la tête des gardes-nationaux d'Arpajon, de Reilhac, de Jussac et de Marmanhac. Accoutumés au pillage, ces hommes forcent la maison de madame de Fontanges, dans la rue d'Aurinques, à Aurillac, brisent ses meubles et abattent sa girouette qu'ils regardent comme un signe de féodalité. Mais cette fois la population indignée se soulève et chasse les brigands.

Dix jours après, les membres du Directoire, aux abois, firent une nouvelle adresse, espérant qu'elle produirait un meilleur effet que la première. Elle est plus accentuée ; elle contient des blâmes et des menaces. Nous la donnons en entier :

« Avez-vous réfléchi, chers concitoyens, aux désordres et aux malheurs dans lesquels viennent de vous entraîner des factieux, des ennemis de votre tranquillité, des scélérats qui n'ont eu d'autre but que de profiter de vos divisions et de votre égarement ? Oui, sans doute, vous y avez réfléchi, et nous osons espérer que le repentir et le remords sont déjà entrés dans votre âme.

Quoi ! n'avez-vous pas reconnu que les chefs de ces attroupements, où vous vous êtes laissés engager, et leurs complices, n'étaient pour la plupart que des hommes indignes de votre confiance, suspects, malfamés, n'ayant d'ailleurs que peu ou point de propriétés, et ne cherchant dans le désordre qu'à s'enrichir par le pillage ? Et vous avez pu les écouter? Vous avez voulu les suivre, les appuyer?... Vous avez souffert qu'à vos yeux, sans la moindre résistance, la loi ait été scandaleusement foulée aux pieds, les maisons incendiées et démolies, les propriétés dévastées, les meubles pillés, et qu'on ait arraché par les menaces et la terreur à vos concitoyens, à vos voisins, à vos parents, des contributions forcées, dont le coupable produit a été consumé dans la débauche, l'ivresse, et n'a servi qu'à enhardir les factieux à de nouveaux excès ?

Quelles dévastations plus affreuses auraient donc pu commettre les ennemis les plus implacables de notre Constitution, de notre liberté, s'ils eussent pu pénétrer jusqu'à nous ?

Connaissez-vous enfin votre erreur, et l'énormité de tant de crimes ? Si vous ne les avez pas approfondis, il est de notre devoir de vous en dévoiler les funestes conséquences. Nous sommes vos concitoyens, vos amis, vos frères ; nous sommes aussi vos chefs, puisque vous nous avez librement élus pour vous administrer ; nous devons donc vous tenir le langage d'un père à ses enfants, et vous dire la vérité. Ecoutez.

Au moment où vous vous êtes soulevés contre toutes les lois, où vous avez, comme des furieux, répandu le sang à nos yeux, où nous avons entendu des voix s'élever contre nous-mêmes et nous menacer, où vous avez incendié et dévasté les maisons, sachez que vos administrateurs n'étaient occupés qu'à chercher les moyens de soulager votre misère, qu'à solliciter de l'Assemblée Nationale des secours pour nourrir vos pauvres, pour occuper les bras oisifs à des travaux dont l'utilité était principalement pour vous, à faire des approvisionnements de grains pour votre subsistance, à solliciter aussi des remises sur vos impositions, en représentant avec fermeté et confiance à l'Assemblée Nationale votre surcharge et votre fidélité.

Aujourd'hui la voix de vos administrateurs ne sera plus écoutée ; vos fureurs l'ont étouffée, lui ont fait perdre toute son influence ; car, soyez justes, et dites si la bienfaisance de l'Assemblée Nationale peut ou doit s'étendre sur un peuple rebelle à la loi ?

Ecoutez encore. Vous avez détruit et pillé le mobilier de ceux que vous regardez comme émigrés ; ces biens que vous avez détruits appartenaient à la Nation et devaient l'indemniser des frais des préparatifs extraordinaires de guerre que les émigrés occasionnent. Vous avez privé la Nation de cette ressource ; il faudra donc qu'elle impose sur vous le fardeau dont sa justice avait voulu vous décharger.

Ces maisons et ces châteaux auraient été taxés sur les rôles des contributions foncière et mobiliaire, à des sommes qui auraient tourné à votre soulagement ; il faut donc que cette portion de contribution retombe en augmentation sur vos propriétés et sur vos facultés mobiliaires.

Vous avez souffert ces dévastations, et aussitôt les brigands, enhardis par votre silence, par votre inaction, par votre appui, sont entrés à mains armées dans le sein de vos familles, dans les paisibles chaumières des cultivateurs, ont enlevé leurs provisions, ou les ont forcés à des contributions ruineuses.

Vous, officiers municipaux, dont on a vu les écharpes à la tête des attroupements, qui n'avez opposé aucune résistance aux désordres, qui avez négligé de requérir la force publique dont la loi vous avait investis pour les repousser, qui avez laissé vos gardes nationales sortir de leur territoire sans aucune réquisition légale et violer audacieusement les territoires voisins, avez-vous réfléchi sur les suites effrayantes de la responsabilité qui vous est imposée ?

Croyez-nous ; rentrez en vous-même, et hâtez-vous d'abjurer votre funeste erreur, si vous ne voulez pas être compris au nombre des coupables que la loi doit punir. Hâtez-vous de faire arrêter les chefs qui vous ont séduits et leurs complices; livrez-les aux juges ; ou bien ayez au moins le courage de les dénoncer, soit aux juges de paix, soit au commissaire du roi près le tribunal criminel, soit au corps administratif ; recueillez les preuves que vous avez en main et sous les yeux et ne laissez plus le crime impuni au milieu de vous ; hâtez-vous de faire restituer les contributions arrachées à de malheureuses victimes ; ralliez autour de vous tous les bons citoyens ; veuillez sincèrement que la loi règne, et la loi règnera.

Et vous, citoyens infortunés, dont nous déplorons le sort, vous dont on a dévasté les propriétés, ou dont on a arraché des contributions non moins odieuses, ayez aussi le courage de dénoncer les coupables ; vous les connaissez ; que pourriez vous craindre ? La justice vous tend les bras, et la force l'entourera sans doute.

Vous tous, habitants des campagnes, bons et honnêtes cultivateurs, si vous désirez le maintien de la Constitution, le rétablissement de l'ordre, de la paix et du bonheur, si vous êtes fidèles à la Nation et à la loi, comme vous l'avez juré si souvent, hâtez-vous d'en donner des preuves, et n'oubliez jamais qu'il n'y a de bons citoyens que ceux qui obéissent scrupuleusement à la loi.

Fait en Directoire du département du Cantal, à Aurillac le 2 avril 1792, l'an quatrième de la liberté.

Signé : Destaing, vice-président, Célarier, Capelle, Marmontel, Teillard, Lamouroux et Ganilh, administrateurs et Charles Vacher, procureur-général-syndic. »

L'évêque constitutionnel Thibault voulut faire aussi son adresse, la voici intégralement :

« Vivement pénétré des troubles qui ont agité plusieurs cantons de ce département, j'ai pensé, mes très chers frères, que la voix de votre premier pasteur devait se faire entendre dans ces circonstances alarmantes pour vous rappeler à des sentiments plus doux et plus pacifiques. Vos intentions sont pures sans doute : un désir extrême de voir enfin la Constitution assise sur des bases inébranlables a armé vos bras et vous a fait abandonner vos foyers pour aller soumettre vos voisins au joug salutaire de la loi, et réunir sous l'étendard de J.-C. les fidèles que le fanatisme et l'erreur en avaient éloignés. Mais considérez, mes chers enfants, que vous avez violé les lois que vous vouliez protéger :

vous avez violé la loi naturelle qui nous défend de faire à autrui ce que nous ne voudrions pas qu'on nous fît ; vous avez violé la loi civile qui défend aux citoyens de s'attrouper et de s'armer sans la réquisition des corps constitués.

J'ai été jusque ici le défenseur intrépide des droits du peuple ; je les défendrai jusqu'à la mort ; mais aucune considération humaine ne m'empêchera de dire la vérité et de blâmer les excès. Il n'est qu'un moyen de renverser la Constitution, de perdre la liberté et de détruire cette heureuse égalité qui ont fait sortir les habitants des campagnes de cet état d'avilissement dans lequel le despotisme les avait réduits : c'est de troubler la paix intérieure du royaume, c'est de violer les propriétés.

Une loi sévère mais juste a mis sous la main de la Nation les biens de ceux qui se sont déclarés les ennemis de la patrie ; ces biens sont destinés à couvrir les dépenses que nécessite une guerre considérable ; si vous ravagez ces biens, il faudra augmenter les impôts pour les remplacer. Ceux qui conseillent les dévastations, les exactions, les contributions forcées servent la cause des factieux. D'intelligence avec les ennemis du dehors, ils mettent toutes leurs espérances dans le trouble et le mépris des autorités légitimes ; ils flétrissent la liberté en la représentant avec les agitations effrénées de la licence et les convulsions de la fureur. Ils veulent dégoûter de notre Constitution tous les esclaves de l'Europe en montrant comme féroce et sanguinaire le peuple le plus doux de l'univers.

O mes amis, je vous demande la paix au nom de vos plus chers intérêts ! Gardez vos armes et vos bras pour repousser, avec le courage d'un peuple libre, tous les tyrans qui voudraient vous arracher les droits que vous avez reconquis. Ne retirez pas votre confiance à ceux que vous avez élevés aux premières places de la société ! N'oubliez jamais que la liberté consiste essentiellement dans la pleine et entière soumission à la loi.

Ministres de J.-C., la religion vous fait un devoir de prêcher à tous la paix, l'union et la charité ! donnez-leur l'exemple de ces vertus. Dites-leur bien que leur évêque gémit des troubles qui agitent son diocèse ! que les cris des malheureux sont parvenus jusqu'à lui et qu'ils ont pénétré son âme de la sensibilité la plus vive !

Hélas ! que ne puis-je consoler les victimes de votre égarement et essuyer les larmes que vous avez fait couler ! Voyez ces pères attendris, accablés d'un sombre désespoir en portant de tristes regards sur l'avenir! voyez ces mères éplorées qui vous redemandent avec sanglots le pain que vous avez arraché des mains de leurs enfants! Semblables à un torrent qui se déborde et qui porte partout la désolation et l'effroi, vous avez répandu la consternation et la frayeur! Votre évêque se met à vos genoux pour vous supplier de rentrer en paix dans vos maisons. Me refuseriez-vous, Mes Frères, la grâce que je vous demande? me forceriez-vous à me repentir d'être venu habiter parmi vous? Non! les saintes solennités qui nous occupent nous fournissent une occasion favorable de vous livrer au repentir! Le Dieu de paix touchera vos cœurs; vous réparerez votre erreur et vous jurerez d'être fidèles à toutes les lois divines et humaines! Ainsi soit-il.

Sera notre présente lettre lue au prône des messes paroissiales, le dimanche après la réception.

Donné à Saint-Flour le 3 avril 1792. Anne-Alexandre-Marie, évêque du Cantal. » (1)

(1) Collection de M. Vacher de Tournemire.

CHAPITRE VII

DÉCRET DE L'ASSEMBLÉE NATIONALE RELATIF AUX TROUBLES DU CANTAL. — CONVOCATION EXTRAORDINAIRE DES 36 ADMINISTRATEURS DU DÉPARTEMENT.

Dans les derniers jours de mars, le Directoire du Cantal ne se contenta pas d'envoyer des adresses aux habitants, il écrivit des lettres pressantes à l'Assemblée nationale, au ministre de l'intérieur, aux députés du Cantal, pour lui donner connaissance de ce qui se passait dans notre département et lui demander des conseils et de prompts secours.

L'Assemblée nationale prit en considération les tristes nouvelles qu'on lui annonçait de nos montagnes et confia au député Gossuin le soin de faire un rapport sur ces troubles d'une gravité exceptionnelle. Dans la discussion, le 29 mars, certain député ayant prétendu que les désordres du Cantal avaient pour cause le fanatisme des aristocrates et des prêtres, Laureur, député de l'Yonne, se lève et dit :

« Les brigandages effrayants qu'on exerce dans le département du Cantal exigent enfin que vous attaquiez le mal dans sa source; jusqu'ici vous n'avez usé que de palliatifs; vous n'avez employé que des demi-mesures. On vous dit que ces troubles sont l'effet de la haine et des complots aristocratiques et sacerdotaux; mais réfléchissez un moment, et voyez s'il est dans la nature que ces aristocrates fassent brûler leurs châteaux et ruiner leurs possessions; s'il est de l'intérêt des prêtres d'armer des brigands qui veulent les égorger. Il est donc d'autres ennemis que ceux qu'on vous indique, et ces ennemis sont la licence, le brigandage, la dépravation, qui se sont emparés des mauvais citoyens; car les bons citoyens ne ravagent pas leur patrie; or, des mauvais citoyens, pillant et brûlant, sont les ennemis de l'Etat. Que devez-vous faire contre ces ennemis publics ? Déployer la force publique, rassurer, par sa protection, non seulement les habitants du département du Cantal, mais ceux de tout le royaume. Il faut attaquer les séditieux, les traiter en ennemis, les poursuivre partout où ils seront, les livrer au glaive des lois et effrayer leurs imitateurs par leur prompte punition. Pour y parvenir je demande que cette affaire, renvoyée au Comité des douze, soit rapportée demain au matin, afin qu'on puisse apporter de prompts remèdes au mal (1). »

Le lendemain, 30 mars, Gossuin lut son rapport. Il raconte l'assassinat de M. de Niocel dont nous avons dit les détails ailleurs (2).

Le 31 mars, l'Assemblée nationale porta le décret suivant, qui fut sanctionné par le roi, le 2 avril.

Le voici intégralement.

« L'Assemblée nationale, après avoir entendu, le rapport de sa Commission des douze, la lecture des pièces et des lettres écrites le 30 de ce mois par le ministre de l'intérieur.

Considérant que les lois ont été violées et les réquisitions des corps administratifs méprisées dans plusieurs communes du département du Cantal ;

Que des citoyens ont abusé des armes qui leur étaient confiées pour le maintien de la tranquillité publique et qu'ils ont fait de la force établie par la loi, un moyen de désordre et de violences criminelles ;

Que des brigands ont profité de ces attroupements séditieux pour propager l'esprit de désor-

(1) *Moniteur Universel*, tome XI, page 767.

(2) *Moniteur Universel*, tome XII, p. 15.

dre et pour attenter à la sûreté des personnes et des propriétés ;

Que de tels excès doivent promptement être réprimés, les coupables livrés à la rigueur des lois et les autorités constituées protégées par la force publique, décrète qu'il y a urgence.

L'Assemblée nationale, après avoir décrété l'urgence, décrète ce qui suit :

Art. 1er. — Le Directoire du département du Cantal est autorisé à requérir des départements voisins le déplacement et l'emploi des gardes nationales.

Art. 2. — La garde nationale d'Arpajon est dissoute ; il lui est enjoint de remettre ses armes à la Municipalité, qui les fera déposer dans le délai de trois jours au Directoire du District d'Aurillac.

Art. 3. — Lorsque le calme sera entièrement rétabli dans le département du Cantal, les corps administratifs feront organiser à Arpajon une nouvelle garde-nationale, dans la forme prescrite par la loi du 14 octobre 1791.

Art. 4. — L'Assemblée nationale improuve la Municipalité d'Aurillac pour avoir négligé d'user des moyens que la loi mettait à sa disposition, lors des attroupements et excès commis sur son territoire.

Art. 5. — L'Assemblée nationale approuve la conduite du Directoire du département. » (1)

Désespérant de rétablir l'ordre eux seuls, les membres du Directoire résolurent de convoquer les trente-six membres de l'administration départementale.

« Il a été fait lecture, dit le procès-verbal de la séance du 31 mars où cette question fut traitée, d'une lettre du ministre de l'intérieur en date du 23 de ce mois de mars, relative à l'assassinat du sieur Collinet, commis dans cette ville, le 12 du même mois, et aux insurrections, incendies, démolitions, pillages et exactions à main armée, qui depuis se sont renouvelés presque chaque jour dans divers cantons du département ; il a été pareillement fait lecture d'un procès-verbal dressé par le Directoire du District de Saint-Flour, le 26 de ce mois et de plusieurs pièces y jointes, relatives à l'attroupement formé dans la paroisse de Talizat, d'autres procès-verbaux des municipalités de Giou-de-Mamou, Vitrac et Marcolès et des pétitions des sieurs Lacarrière et Lorus, le tout relatif aux excès commis depuis peu dans ces paroisses ou contre ces particuliers.

(1) Procès-verbal de l'Assemblée départementale de 1792 p. 8.

Lesquelles lectures entendues, le Directoire profondément affligé des désordres qui règnent autour de lui, mais privé des moyens de force nécessaire pour les réprimer, ne voyant rien de mieux à faire que de s'entourer des lumières et de la sagesse de tous ses collègues, arrête de convoquer extraordinairement le Conseil Général du département en cette ville d'Aurillac pour le 5 du mois prochain » (1).

Le 4 avril presque tous les administrateurs arrivèrent à Aurillac et le lendemain, unis aux membres du Directoire, ils se constituèrent en assemblée générale.

(1) Actes du Directoire du Cantal en 1792.

CHAPITRE VIII

MOYENS QUE PREND L'ASSEMBLÉE DÉPARTEMENTALE POUR RÉTABLIR L'ORDRE DANS LE CANTAL

Les 36 administrateurs du Cantal, extraordinairement convoqués, se réunissent en Conseil Général à Aurillac le 5 avril 1792 sous la présidence de Joseph Rougier, élu à la place de Charles Vacher, qui avait éte nommé procureur-général-syndic.

Dans la première séance, celui-ci rendit compte des troubles survenus dans le département et après la lecture de son rapport, « l'assemblée profondément affligée des malheurs qui ont eu lieu dans ce département, au sujet du massacre fait en cette ville dans la personne du sieur Collinet, des incendies et démolitions qui ont détruit plusieurs maisons, du pillage qui a été exercé sur les meubles et effets, des exactions commises par des contributions forcées envers les personnes, en approuvant la conduite et les mesures du Directoire du département pour la réparation de tant de délits et les faire cesser, a arrêté de recourir à tous les moyens que la loi met en son pouvoir, pour arrêter la suite funeste de tant de maux, pour faire respecter les personnes et les propriétés, l'ordre et le calme dans ce département, faire punir les auteurs, fauteurs et complices des délits et faire triompher la loi » (1).

Dans la même séance l'Assemblée départementale, reçut la visite, d'abord des membres du District d'Aurillac, puis celle d'une députation nombreuse de citoyens de la ville ayant à leur tête Vanel, curé constitutionnel de Saint-Etienne d'Aurillac, qui tous venaient témoigner à l'Assemblée leur douleur des tristes évènements qui avaient eu lieu et l'assurer que tous les habitants de la ville ne négligeraient rien pour maintenir le bon ordre, protéger la liberté de ses opérations, qu'ils mourraient plutôt que de souffrir le renouvellement de pareils désordres.

Dans les séances suivantes l'Assemblée prit plusieurs arrêtés qui tous avaient pour but de mettre fin à l'anarchie qui régnait dans le département.

(1) Procès-verbal des séances de l'Assemblée départ. en avril 1792. p. 4.

Premièrement elle ordonna que cinq des brigades de gendarmerie, réunies à Saint-Flour par le Directoire pour y maintenir l'ordre, seraient envoyées immédiatement dans la ville de Murat, menacée d'une attaque des paroisses voisines.

Secondement elle arrêta que le décret de l'Assemblée nationale du 31 mars, sanctionné par le roi, le 2 avril, relatif aux troubles du Cantal; serait sans retard mis à exécution. En conséquence, elle envoya copie de ce décret à la municipalité d'Arpajon avec injonction de s'y conformer, c'est-à-dire de dissoudre la garde nationale et d'en porter les armes au District d'Aurillac. Elle enjoignit en même temps au District d'Aurillac de donner sur le champ ordre à sa garde nationale et à la gendarmerie d'apprêter les armes et de se tenir disposées à marcher à la première réquisition contre Arpajon, s'il ne se soumettait pas. Arpajon se soumit mais de mauvaise grâce et en protestant.

Milhaud écrivit à l'Assemblée une lettre par laquelle il annonçait la soumission à la loi de la garde-nationale d'Arpajon et demandait en même temps s'il ne serait pas autorisé à demeurer commandant des vingt et une gardes nationales qui l'avaient déjà élu pour leur chef.

L'Assemblée lui répondit qu'il ne pouvait rester commandant d'aucune garde nationale. Il se soumit en grondant.

L'Assemblée arrêta ensuite à l'unanimité que les officiers municipaux de toutes les paroisses, dans lesquelles il a été commis des exactions ou fait des levées de contributions forcées, seraient tenus de remettre, dans les vingt-quatre heures, entre les mains des secrétaires de leurs Districts respectifs toutes les sommes et effets dont ils seraient dépositaires ; elle invita aussi tous les autres citoyens, qui seraient détenteurs de pareils deniers ou effets, à les remettre entre les mains des dits secrétaires. Mais, dans ce temps de trouble, les sommes extorquées ne furent pas restituées, du moins entièrement.

L'Assemblée, persuadée que dans les circonstances orageuses où se trouvait le département, la force armée pourrait seule ramener les citoyens à leur devoir, renouvela la demande, qu'avait faite le Directoire au ministre de la guerre, d'envoyer des troupes de ligne dans le Cantal.

Le gouvernement acquiesça à cette demande et permit d'envoyer un escadron et demi du 22e régiment de cavalerie et un bataillon du 10e régiment d'infanterie. Il fut décidé que ces troupes seraient ainsi réparties : un escadron dans le District d'Aurillac et le demi escadron par portions égales dans chacun des Districts de Murat et de Mauriac; du bataillon d'infanterie quatre compagnies dans le District de St-Flour et deux compagnies dans chacun des autres Districts d'Aurillac, Murat et Mauriac (1).

Enfin le Conseil Général des administrateurs ordonna au procureur-général-syndic de poursuivre tous les coupables, concussionnaires et fauteurs des désordres, puis il rédigea et envoya l'adresse suivante aux habitants du Cantal :

« Vos Administrateurs, profondément affligés des désordres qui viennent d'être commis au milieu de vous, mais fidèles à la loi, à leur serment et au tendre attachement qu'ils vous ont voué, viennent vous dire la vérité, que vous êtes sans doute dignes d'entendre. Ils viennent vous désabuser de l'erreur funeste où quelques-uns d'entre vous paraissent avoir été induits, que la désobéissance aux lois, la persécution, le meurtre, le brigandage sont quelquefois des actes de patriotisme, comme si le crime pouvait jamais devenir une vertu. Ils viennent vous dire franchement, amicalement, vos torts, vous indiquer les moyens de les réparer autant qu'il est encore

(1) Procès-verbal de l'Assemblée d'avril 1792 p. 32.

possible et vous prémunir contre la tentation de les accroître ou de les renouveler.

Amis, le meurtre est le plus grand de tous les crimes ; il n'admet aucune excuse que la nécessité d'une juste défense. Cependant ce crime affreux a été commis dans Aurillac ; il a été commis de sang-froid, et presque sans résistance, sur un citoyen innocent, par des hommes qui osaient se dire patriotes, et sous les yeux d'autres hommes également jaloux du même titre. Grand Dieu ! quel étrange patriotisme et combien sont coupables ceux qui ont cherché à dénaturer à ce point l'idée de cette sublime vertu !

Ce meurtre a été le signal d'une multitude d'autres désordres. Les maisons ont été brûlées ou démolies, les meubles brisés ou enlevés, les provisions pillées, des exactions odieuses arrachées arbitrairement à des citoyens sans défense. Et par qui ces vexations ont-elles été commises ? par des citoyens français, des gardes nationaux précédés de leurs bannières, des officiers municipaux en écharpe, qui tous avaient juré de maintenir la Constitution de tout leur pouvoir et de périr jusqu'au dernier plutôt que de laisser violer la sûreté des personnes et des propriétés. De tels forfaits, et le contraste incroyable qu'ils présentent avec leurs auteurs, font frémir, et déshonorent ceux qui les ont commis.

Vos flatteurs ne vous tiennent pas ce langage, parce qu'ils ne cherchent qu'à vous tromper et à profiter de vos égarements et remarquez bien que ces flatteurs adroits de toutes vos passions les plus désordonnées, sont précisément les mêmes hommes qui, sous l'ancien régime, rampaient le plus bassement devant les préjugés et l'autorité. Ils étaient vils, ils doivent l'être encore à vos yeux ; car si le despotisme pouvait renaître, vous les verriez les premiers à l'encenser, et s'élever contre vous, et si vous êtes sages, vous n'estimerez que ceux qui osent vous dire la vérité.

Mais qui osera vous la dire dans ce temps orageux? Qui? Nous, que vous n'avez mis en place que pour cela, qui ne vous demandons rien, qui ne craignons rien, qui ne désirons rien que de vous voir bons, honnêtes, libres et heureux.

Quelle lâcheté ne serait-ce pas à nous, si trahissant nos devoirs et nos serments, nous paraissions approuver même par notre silence, votre funeste égarement! Un jour et bientôt sans doute, vous serez désabusés, et vous rendrez justice à des administrateurs qui auront mieux aimé vous servir que vous plaire.

Au reste, dès ce moment même, nous osons compter sur l'estime et l'appui de tout ce qu'il y a parmi vous de bons citoyens. Le nombre en est beaucoup plus grand qu'on ne pense ; car il ne faut pas se lasser de le répéter, un attroupement n'est pas le peuple, et quelques ramas de factieux ne sont pas la Nation.

Que ceux-là, que les agents secrets qui les dirigent, nous haïssent ; nous avons dû nous y attendre, et c'est là notre gloire. La haine des méchants honore les hommes vertueux.

C'est donc avec autant de confiance que de zèle et de dévouement, que nous nous livrons en ce moment au plus sacré de nos devoirs, en vous adjurant, au nom de la loi, de lui demeurer fidèles, de cesser tout attroupement, de rentrer dans vos demeures, d'y vaquer paisiblement à vos professions, sans jamais plus vous laisser entraîner à des excès pareils à ceux dont nous avons malheureusement à gémir.

A leur égard, il est nécessaire que justice en soit faite ; vous en sentez sûrement la nécessité ; la loi l'ordonne, tous les bons citoyens le désirent, et une force imposante se prépare pour l'appuyer.

Les délits vont être dénoncés ; les juges informeront ; on connait les coupables, et ils seront punis.

Mais, en sévissant avec une juste rigueur contre les principaux auteurs des désordres, les tribunaux distingueront sans doute une multitude de citoyens, égarés plutôt que rebelles, entraînés dans les attroupements par violence, par faiblesse ou par erreur ; ceux-ci ont de grands droits à l'indulgence, et il ne tiendra pas à nous de les faire valoir.

Ils peuvent les augmenter encore par leur prompte soumission à la loi, par leur empressement à restituer au secrétariat de leur District tous les objets provenus des pillages, toutes les contributions arrachées par la force, et qui leur ont été déposées, ou en déclarant au même secrétariat, les noms des personnes entre les mains desquelles ils ont connaissance qu'il a été fait de pareils dépôts.

Le meilleur est celui qui n'a jamais failli ; mais immédiatement après doit venir celui qui, ayant failli, reconnait sa faute, et se hâte de la réparer.

Nous vous le répétons, amis et concitoyens, l'administration du département tend les bras à tous ceux qui sont en de telles dispositions ; ils peuvent et doivent compter sur sa recommandation et son appui.

Quant aux scélérats, endurcis dans le crime et incapables de remords, qu'ils tremblent, le glaive de la justice va se lever sur eux, et les mesures les plus efficaces sont prises pour qu'ils ne puissent pas lui échapper.

C'est avec horreur que l'administration du département a vu leurs crimes ; c'est avec douleur qu'elle verra leur supplice, mais son devoir, mais l'intérêt public lui fermeront la bouche ; elle détournera les yeux, et la loi seule régnera.

Fait en Conseil général du département du Cantal, à Aurillac, le septième jour d'avril, mil sept cent quatre-vingt-douze, l'an quatrième de la liberté » (1).

Persuadée qu'elle avait réussi à réprimer le désordre, l'Assemblée se déclara dissoute le 10 avril 1792, après une durée de cinq jours, et le Directoire du Cantal se remit à gérer seul les affaires du département.

(1) Procès-verbal de l'Assemblée d'avril 1792, p. 16.

CHAPITRE IX

DISCOURS DE MILHAUD. — ARRIVÉE DES TROUPES DE LIGNE. — ARRESTATION DE MILHAUD. — PROCÈS DES PILLARDS. — PROCÉDURE BRULÉE. — TRIOMPHE DES PATRIOTES.

Les adresses menaçantes que nous venons de rapporter, les appels à la concorde du gouvernement départemental, l'annonce surtout de la prochaine arrivée des troupes de ligne, en effrayant les patriotes, calmèrent leur ardeur belliqueuse et Milhaud lui-même compromis, accusé, convaincu de crimes, sentit le besoin de changer d'allure et de faire oublier son abominable conduite.

Le jour même où les administrateurs du département se séparèrent, le 10 avril, « à la tribune de la Société agricole des *Amis de la Constitution*, séante à Arpajon, en présence d'une députation nombreuse de la *Société* de la ville d'Aurillac et de dix-huit municipalités des communes champêtres », il prononça un discours dans lequel il

Documents manquants (pages, cahiers...)

NF Z 43-120-13

DE LA PAGE 93

A LA PAGE 100

les juges menacés tremblaient sur leurs sièges et n'osaient plus rendre la justice ; ils finirent par arrêter toutes les enquêtes, par acquitter tous les coupables, par blanchir tous les coquins.

Après le 10 août surtout, lorsque l'Assemblée nationale eut prononcé la déchéance du roi et l'eut enfermé dans la prison du Temple, les patriotes d'Aurillac ne gardèrent plus aucune mesure et, neuf jours après, Milhaud l'incendiaire, le guide et le chef des bandes dévastatrices, le grand instigateur des troubles, l'un des assassins de Niocel, sortait du tribunal, acquitté, innocent, blanc comme neige, pur comme un ange, porté en triomphe dans les rues de la cité, autour des arbres de la liberté, qu'il embrassait en dansant.

Libre désormais et tout puissant, Milhaud, à la tête de ses nombreux et audacieux affiliés, court aux prisons, les fait ouvrir, et exige la mise en liberté des assassins et des brigands. Il soulève le peuple, et le peuple en effervescence, instruit des grands événements arrivés à Paris depuis le 10 août, se réunit au collège, le 21 août, pour entendre des nouvelles publiques, et, ayant appris que l'Assemblée nationale venait de rendre deux décrets, l'un relatif aux parents, femmes et enfants des émigrés, qui doivent être consignés dans les municipalités et gardés en otage, l'autre qui porte que les chevaux et les mulets des émigrés seront employés au service des armées, délibère sur la prompte exécution de ces lois et décide qu'il se rendra sur le champ chez les parents des émigrés et les mettra en état d'arrestation.

En effet il se met tumultueusement à circuler dans les rues et à pénétrer chez les parents des émigrés ; huit personnes, parmi lesquelles M. Lolier, ancien curé d'Aurillac, l'abbé Piganiol, ancien principal du collège, et trois dames, parentes d'émigrés, furent arrêtées et gardées en otage dans la maison commune. Le peuple ne s'en tint pas là. Réuni de nouveau dans la chapelle du collège, il s'y constitue en assemblée populaire, nomme un président et se met à délibérer.

Il fut arrêté que la procédure, relative aux troubles du mois de mars, serait détruite. En conséquence le peuple souverain nomma des commissaires ou délégués et ces délégués se rendirent au tribunal criminel, demandèrent et exigèrent qu'on leur livrât les pièces du procès. On les livra.

De là les nombreux délégués se rendirent à la

salle des séances de l'assemblée départementale et dirent aux administrateurs qu'ils venaient, « au nom du peuple souverain, » pour déclarer à l'assemblée qu'il exigeait toutes les pièces et papiers, déposés au secrétariat du département, au sujet des événements qui s'étaient passés aux mois de mars et d'avril derniers.

Le Président répondit qu'il n'y avait au département que des expéditions des procès-verbaux qui lui avaient été adressés par les Districts et les Municipalités, au sujet des événements en question et pour raison desquels le procureur-général-syndic avait été chargé de faire les dénonciations, que d'ailleurs les dépôts publics devaient être respectés et que la force devait toujours céder à la loi et à la justice.

La députation du peuple répondit qu'on voulait ce qu'il y avait et que déjà le tribunal criminel lui avait remis les procédures instruites à ce sujet ; en même temps un des délégués montrait à l'assemblée les pièces du procès, qu'il tenait à la main.

L'assemblée, ne pouvant pas résister aux vives instances qui lui furent faites, ni à la force, ni à la volonté du peuple, fut obligée de remettre le carton où ces pièces étaient contenues, parmi lesquelles les délégués prirent celles qui étaient relatives aux événements de mars et se retirèrent. (1)

Toutes ces pièces de procédure ſurent brûlées.

« Les greffes sont pillés, dit Hébrard lui-même dans sa *Réponse*, les dépôts sacrés sont livrés aux flammes sous les yeux même de la municipalité. »

Ainsi restèrent impunis les factieux, les assassins, les pillards, les incendiaires, et treize jours après, c'est-à-dire le 4 septembre, Milhaud fut élu député à la Convention.

(1) Procès-verbal de l'Assemblée de 1792, p. 95 et suiv.

CHAPITRE X

L'ÉMIGRATION. — LISTE DES ÉMIGRÉS. — CONFISCATION DE LEURS BIENS. — VENTE DES BIENS NATIONAUX DANS LE CANTAL.

Les tristes et douloureux détails, que nous venons de donner dans les chapitres précédents, nous prouvent, que la position faite aux nobles était intolérable, même dès la première année de la Révolution. « Les nobles, dit Taine, ne peuvent plus rester dans un pays, où, en respectant la loi, ils sont effectivement hors la loi. Les premiers émigrés du 15 juin 1789 avaient reçu la veille à domicile une liste de proscription où ils étaient inscrits et où l'on promettait récompense à qui apporterait leur tête au Palais-Royal. »

Les nobles n'avaient donc que le choix : ou la mort ou l'exil, et, sans nul doute, c'était le but final vers lequel forcément, violemment, ils étaient poussés par la passion populaire, qui, après les avoir exclus des administrations, dès le commencement de l'ère révolutionnaire, les jetait sans pitié hors la loi, hors la société, hors la France, les traitant en parias, en ennemis, se souciant fort peu de mettre en pratique les principes de fraternité et d'égalité qu'on proclamait pourtant avec tant d'outrecuidance. Ce n'était pas assez d'élaguer les nobles, il fallait les extirper. (1)

« Il faut, dit Carrier dans sa liste des proscrits, il faut faire arrêter tous les ci-devant nobles du département du Cantal ; il n'y en a pas un seul de cette engeance proscrite qui n'y professe ouvertement la contre-révolution, qui ne répande dans la commune les nouvelles, les plus alarmantes pour les gens crédules et ignares, sur des prétendus succès des armées coalisées et sur leur invasion certaine du territoire de la République. Leurs discours sont d'autant plus perfides et dangereux que, prenant un ton hypocrite et appitoyeur, ils vont partout se larmoyant sur la disette factice des subsistances et des denrées, que ces scélérats accaparent et recèlent, et disent d'un ton dolent au peuple : Nous ne souffrions pas tant de misères sous l'ancien régime. Aujour-

(1) Voy. aux Pièces justificatives, n° 2. *Lois contre les nobles.*

d'hui nous mourons comme des bêtes sans prêtre pour nous consoler à la mort. Il n'est pas de propos perfides que ces scélérats ne tiennent... »

Tel est le langage tenu non seulement par Carrier mais par tous les patriotes de l'époque.

Sous la pression d'une terreur toujours croissante, ne trouvant de défense ni dans les municipalités qui étaient hostiles, ni dans les tribunaux qui étaient prévenus, les nobles ne virent de salut que dans la fuite (1).

Tout d'abord pour sauver leur vie, quelques-uns se cachèrent, allant, déguisés et sous un faux nom, des villages aux villes et des villes aux villages. D'autres, pour donner le change, prenaient des airs de démagogues et tenaient un langage de sans-culottes. Peine inutile. Ces allures étaient bientôt reconnues mensongères et ces ruses ne tardaient pas à être déjouées.

Les gentilshommes étaient reconnus à leur mine, à leur physionomie, qui portait l'empreinte d'un caractère particulier, d'une distinction, qui, sous cette enveloppe empruntée, faisait deviner facilement un homme de race.

« A Paris, écrivait de Montlosier, sur la fin de l'Assemblée Constituante, au moment où l'émi-

(1) Voy. aux Pièces justificatives, n° 3. *La Noblesse et l'émigration*, d'après Taine.

gration était dans toute sa force, comme les gentilshommes de ma province d'Auvergne, qui passaient à Paris à l'effet d'émigrer, affluaient chez moi, Peltier, avec qui j'avais alors quelque liaison, me demanda d'être témoin de cette affluence. Je m'aperçus qu'il regardait avec soin tous ces bonnes gens pour qui, en raison de ma qualité de député, j'avais quelque importance; je m'étonnais de son attention, il me répondit :
— On a beau dire, la noblesse a un caractère particulier » (1).

L'émigration, commencée en 1790, continua en 1791 et en 1792. « L'émigration est considérable, s'écriait à l'Assemblée Constituante, le 29 mai 1791, le démagogue Biauzat, député de Clermont; tous les ci-devant gentilshommes de ma province, devenus fous de rage, ont pris le parti de sortir. J'ai fait déposer au *Comité des recherches*, une lettre d'une de ces personnes qu'on appelait gentilshommes de la chambre; il écrit que, pourvu qu'on veuille bien attendre deux mois, il répond de la cure de Paris. Quelque imbéciles, quelque folles que soient toutes ces prétentions, il faut prendre une mesure générale pour assurer la tranquillité et pour que les prê-

(1) *Mémoires,* tome 1, page 404.

tres, les gens sans religion qui allument la torche du fanatisme soient punis comme perturbateurs du repos public. » (1)

Sa proposition fut acceptée et des mesures de rigueur furent prises contre les prêtres et les nobles.

Les émigrés d'Auvergne furent nombreux. La liste en a été faite dans le Puy-de-Dôme et le Cantal. Nous avons sous la main celle des émigrés du Cantal. (2) Elle fut close et arrêtée par le Conseil permanent du département, le 5 octobre 1793. On y compte sept cent onze noms d'émigrés, dont deux cent quatre-vingt-six du District d'Aurillac, cinquante et un du District de Murat, cent trente-huit du District de Mauriac et deux cent trente-six du District de Saint-Flour (3).

Dans ce total de sept cent onze émigrés, il y a quatre cent deux ecclésiastiques et trois cent neuf laïques.

Il est vrai que les sept cent onze inscrits sur

(1) *Moniteur universel*, T. VIII, page 529.

(2) Voyez aux Pièces justificatives, la liste des nobles du Cantal émigrés. N° 4.

(3) ... Il est juste de remarquer que plusieurs noms sont répétés et font double emploi. Le nombre des émigrés portés sur la liste ne s'élève donc pas tout à fait à sept cent onze.

cette liste ne sortirent pas tous de France, comme aussi tous ceux qui sortirent de France ne sont pas inscrits sur la liste, attendu que, d'un côté, quelques-uns se cachèrent et furent pourtant regardés comme émigrés, et que, de l'autre, plusieurs sortirent du territoire français après que la liste fut close et imprimée.

Toutefois tous ceux qui furent portés sur la liste furent considérés comme émigrés et traités comme tels. Voilà donc dans notre petit département près de sept cents familles ayant des membres en exil et par conséquent dans la désolation, menacées d'une ruine totale, déclarées suspectes et traitées en ennemies de la patrie, exposées jour et nuit aux attaques des révolutionnaires, la plupart mises en état d'arrestation.

On peut en dire autant du département du Puy-de-Dôme, où les émigrés pareillement furent nombreux; nous regrettons de ne pas en avoir la liste.

Les biens meubles et immeubles des émigrés, nobles ou prêtres, étaient confisqués au profit de la Nation.

Lorsque la municipalité d'une commune avait connaissance de la disparition d'un noble ou d'un prêtre, elle envoyait un huissier à la famille ou au fermier de l'émigré et cet huissier déclarait, au nom de la loi, qu'un tel, n'ayant pas fait constater par certificat sa résidence dans le pays, était noté comme émigré et ses biens déclarés nationaux. Puis on faisait l'inventaire du mobilier et des propriétés de l'émigré et on mettait le tout sous la régie des commissaires nommés à cet effet.

Pour vendre facilement et plus vite cette masse énorme de biens que la Nation s'appropriait, l'Assemblée nationale décida que le mieux était d'intéresser les municipalités à ces ventes en les plaçant comme intermédiaires entre l'Etat et les particuliers.

En conséquence, au mois de mai 1790, elle porta un décret aux termes duquel les municipalités pouvaient acquérir les biens nationaux et les revendre avec profit aux particuliers. Le plus grand nombre des communes acceptèrent ce système et soumissionnèrent, quelques unes pour des sommes énormes. Clermont porta à dix millions sa soumission, c'est-à-dire qu'elle acheta pour dix millions de biens nationaux et les revendit à profit à divers particuliers.

Pour la revente, les commissaires-régisseurs, de concert avec des experts, faisaient l'estimation des biens, les divisaient en lots, donnaient la contenance et la situation des propriétés territoriales et faisaient afficher le résultat de leur travail au chef-lieu de la commune. Les citoyens prenaient connaissance du placard et, le jour désigné pour les enchères étant venu, on procédait à la vente des meubles et immeubles. Ils étaient adjugés au plus offrant. Le paiement se faisait par termes dans les caisses nationales.

Les Directoires des quatre Districts du Cantal et le Directoire du département mirent la plus grande activité à la vente des biens, confisqués à la noblesse et au clergé.

Au mois d'août 1791, il s'en était déjà vendu, dans le Cantal seulement, pour plus de cinq millions.

Voici ce que nous lisons dans le procès-verbal des séances de l'Assemblée départementale, tenues à Aurillac en décembre 1791 :

« Les Directoires ont témoigné leur attachement au bien public par leur empressement à seconder les vues de l'Assemblée nationale et à accéder aux invitations du Directoire du département. Ils ont fait procéder avec zèle à l'estimation et à la vente des biens nationaux qu'ils ont connus ; ils ont même fait procéder à la vente de ceux qui pouvaient être affectés à des fondations. Le prix des ventes, faites jusqu'au 2 août 1791, s'est élevé à la somme de cinq millions, deux cent treize mille francs, cent trois livres, dix-neuf sols, douze deniers... Depuis le 2 août, il a dû être fait des ventes dans les districts, mais les Directoires n'en ont envoyé aucun état au département. » (1)

Les ventes se continuèrent les années suivantes. A quel taux s'élève la somme totale des biens nationaux vendus dans le Cantal pendant la révolution? Mes renseignements ne me permettent pas de le fixer, mais si nous en jugeons par ce qu'il vient d'être dit, il est à croire qu'il fut énorme et par conséquent énorme le nombre des expoliés.

Les biens seuls appartenant aux émigrés étaient confisqués; par conséquent lorsque c'était un fils de famille, en possession de ses parents, qui disparaissait du pays, les biens de la famille n'étaient pas vendus, mais elle était condamnée à fournir pour chaque fils émigré l'habillement de deux hommes. Voici l'état des effets d'habillement et d'équipement à fournir pour un homme :

Un habit conforme au modèle décrété par l'Assemblée nationale — une veste — deux culottes — un chapeau — trois chemises — deux cols de basin blanc et un de noir — deux paires

(1) Procès-verbal de 1791, p. 355.

de souliers — une paire de guêtres de toile blanche — une paire de guêtres de toile grise — une estamette noire — deux mouchoirs — deux paires de boucles de jarretières — un bonnet de nuit — deux cocardes — un tire-bouton — une alène — un tire-bourre — une épinglette — un tournevis — un havre-sac de peau — un sac de toile pour les distributions.

Si les parents l'aimaient mieux, ils payaient en argent la valeur de deux habillements, laquelle fut évaluée par un arrêté du Directoire du Cantal en date du 10 novembre 1792, à la somme de trois cent cinquante livres.

Dans le cas où les parents refusaient de payer la dite somme et de fournir l'habillement exigé, on procédait à la saisie des meubles et effets jusqu'à concurrence de la somme ci-dessus désignée.

Dans le Puy-de-Dôme, le total des sommes produites par la vente des biens confisqués au clergé et à la noblesse a dû être considérable puisque, comme nous l'avons dit, la seule ville de Clermont porta, dès 1790, à dix millions sa soumission pour l'acquisition des biens nationaux, ce qui fut constaté à l'Assemblée nationale dans la séance du 26 mai 1790. (1)

(1) *Moniteur universel* t. IV p. 464.

Pour sauver leurs biens, plusieurs émigrés rentraient en France et parvenaient quelquefois à obtenir des municipalités complaisantes des certificats de civisme et de résidence, ce qui leur donnait la faculté d'empêcher la vente de leurs propriétés. Aux yeux des patriotes, c'était un abus criant. Aussi partout se récriaient-ils.

Dans le Puy-de-Dôme les députés Couthon et Maignet portèrent l'arrêt suivant :

« Les représentants du peuple arrêtent que les municipalités seront tenues de faire mettre de nouveau les scellés et séquestrer les biens de tous ceux qui avaient été portés sur la liste des émigrés,... ordonnent que les certificats de civisme soient annulés et que ceux, qui en ont obtenus, seront tenus de s'en procurer de nouveaux.... Couthon Maignet. Riom le 6 frimaire an 2 (26 novembre 1793) ». (1)

Pour empêcher le retour aux nobles des biens vendus et pour que les acquéreurs ne fussent pas troublés dans la possession de ces biens, l'Assemblée nationale avait trouvé un moyen efficace. C'était de défendre aux émigrés de rentrer en France. Elle décréta, en effet, que tout émigré trouvé sur le territoire français serait arrêté et mis à mort, ce qui fut exécuté rigoureusement.

(1) *Le Puy-de-Dôme en 1793* p. 601.

CHAPITRE XI

L'ÉMIGRATION. — LE MARQUIS DE LAROUZIÈRE. — COALITION DE LA NOBLESSE D'AUVERGNE. — ESCADRONS AUVERGNATS. — L'ARMÉE DE CONDÉ.

Suivons lės nobles dans l'émigration. Au printemps de l'année 1790, plusieurs membres de la noblesse d'Auvergne se réunirent à Turin, en Italie, où se trouvait le comte d'Artois (plus tard Charles X). Ils lui firent les assurances les plus sincères de leur fidélité et lui offrirent leurs services; mais le moment n'était pas encore venu de former un corps d'armée. Le prince les remercia affectueusement et les pria de se trouver au rendez-vous au premier appel.

Les émigrés se dispersèrent de nouveau, errant de ville en ville; quelques uns rentrèrent en France, les autres cherchèrent un asile en Italie, en Suisse; plusieurs employèrent leur temps et leurs efforts à faire des prosélytes, à recruter des adhérents, voire même à soulever les provinces en faveur du roi.

Parmi ces derniers, nous devons signaler un gentilhomme d'Auvergne, le marquis de Larouzière, dont nous avons parlé dans le premier volume. Député de la noblesse de la Basse-Auvergne aux Etats-Généraux, M. de Larouzière, effrayé de la tournure que prenaient les affaires au sein de l'Assemblée nationale, donna sa démission, en septembre 1789, et fut remplacé par M. de Montlosier.

Le roi Louis XVI le chargea d'une mission confidentielle auprès des princes, ses frères, qui avaient émigré. Il alla les rejoindre à Turin, en Italie. Après s'être concerté avec eux et avoir pris leurs instructions, il s'établit au château de Francia sur la frontière de France et, pendant sept mois, il se livra à d'importantes négociations pour soulever les provinces en faveur de la royauté. Il composa et fit imprimer et répandre, dans ce but, de nombreux écrits politiques. Il entretenait une correspondance active avec plusieurs de ses anciens collègues, notamment avec son ami dévoué le marquis de Laqueuille. Cinquante lettres du prince de Condé et plusieurs lettres autographes du comte d'Artois, frère du roi, témoignent de ses efforts, qui malheureusement ne furent pas couronnés de succès, et de la confiance que ses princes avaient en lui.

Le prince de Condé lui écrivait :

« Recevez, mon cher Larouzière, tous les remerciements du comte d'Artois et de moi et de tous les bons Français. Vous êtes l'âme du parti et sûrement le Ciel veut nos succès, puisqu'il vous a inspiré de venir nous rejoindre. » (1)

Cependant, chaque jour, l'Auvergne se dépeu-

(1) Après plusieurs pérégrinations en Allemagne, en Italie, à Ratisbonne, dans le Frioul Vénitien, le marquis de Larouzière, rentra en France en 1802 et se fit rayer de la liste des émigrés. En 1803, il fut impliqué à tort dans une conspiration contre le premier consul, Napoléon, arrêté avec M. de Lavillatte et M. de Mézières, et incarcéré d'abord au Temple, puis au donjon de Vincennes. Sa captivité dura près de six ans sans qu'il put obtenir d'être jugé.

Dans un voyage que Napoléon fit à Lyon, une députation du département du Puy-de-Dôme, présidée par le général Decker, vint lui demander la mise en liberté du marquis de Larouzière, mais Napoléon refusa avec colère. Néanmoins, se rendant compte de la valeur de M. de Larouzière, il voulut se l'attacher et lui fit offrir une préfecture; le marquis la refusa énergiquement, voulant rester fidèle à la royauté. Il fut donc retenu en prison. Enfin, grâce à l'appui de Fouché, que sa fille Elisabeth avait su intéresser à sa cause, il fut élargi en 1809 et envoyé à Provins, où il demeura sous la surveillance de la police jusqu'à sa mort, qui arriva en 1814, la veille de l'entrée à Paris du roi Louis XVIII. Ainsi fut perdue pour lui et sa famille la réalisation des brillantes pro-

plait de sa noblesse, de telle sorte qu'au commencement de l'année 1791, les émigrés se trouvant en grand nombre à Fribourg, ils résolurent, à l'instigation surtout du marquis de Larouzière et du comte de Fargues, de se coaliser, de protester par un acte authentique contre les actes révolutionnaires de l'Assemblée nationale et de se mettre au service des frères du roi le comte de Provence et le comte d'Artois, les mêmes qui furent plus tard Louis XVIII et Charles X ; dans ce but ils signèrent, le 10 avril 1791, l'acte de coalition que voici :

« Les membres soussignés de la noblesse d'Auvergne, et ceux par elle acceptés, et réunis par les mêmes sentiments, s'engagent entre eux, sur leur parole d'honneur :

1° D'employer toutes leurs forces et leurs efforts pour maintenir la religion catholique, apostolique et romaine, et la rétablir dans son exercice entier et son ancienne splendeur ;

2° De marcher ensemble et toujours réunis pour rendre au roi Louis XVI sa couronne et sa

messes que le Prince lui avait faite à maintes reprises. (*Histoire des émigrés français* par A. de Saint-Gervais t. III p. 72 et 73 — *L'Auvergne illustrée* par Tardieu. — *Hist. de l'administration civile dans la Province d'Auvergne* par Georges Bonnefond, de Clermont.

puissance dont une Assemblée criminelle, parjure et dénuée de pouvoirs, s'est emparée, en un mot, pour renverser la monarchie ;

3° Ils renonceraient volontiers à leurs droits pécuniaires, mais ils jurent de soutenir leur noblesse et de la transmettre à leurs enfants, sans souffrir qu'il y soit porté atteinte ;

4° Ils jurent, sur leur honneur et foi de gentilhommes, de ne jamais se désunir ; de marcher d'un commun accord, à la pluralité des voix, sans déroger aux principes ci-dessus ; d'obéir à Mgr le comte d'Artois et aux Princes de la maison de Condé, réunis par les mêmes sentiments et comme étant les premiers gentilshommes du royaume, également animés du même désir pour le rétablissement de la religion, du Roi et des lois fondamentales du royaume ;

5° Ils promettent, sur leur honneur, d'obéir aux supérieurs, tant chefs qu'en sous-ordre, que les princes choisiront pour leurs commandants ; si les princes ne les nomment pas, ils seront choisis à la pluralité des voix ;

6° Si quelques gentilshommes des autres provinces, pénétrés des mêmes sentiments, nous faisaient l'honneur de vouloir se réunir à nous, ils seraient obligés de reconnaître et signer le présent réglement, et ne pourraient être reçus qu'à la pluralité des voix, sur la proposition d'un gentilhomme d'Auvergne ;

7° Ceux qui manqueront au présent règlement ne compteront plus dans l'association, et, comme déshonorés, seront rayés du tableau ».

Ce protocole fut signé d'abord par tous les gentilshommes d'Auvergne présents en Suisse, puis successivement par ceux qui arrivaient de France. On y trouve cinq cent cinq signatures dont 308 nobles auvergnats. Les autres noms portés sur la liste de signatures, comme le remarque Bouillet, ne sont pas des noms appartenant exclusivement à des familles nobles ; beaucoup de personnes avaient été admises à signer l'acte de coalition. (1)

Tous ces gentilshommes furent fidèles au roi. A leur avis le gouvernement de la France n'était pas un gouvernement légitime, mais un usurpateur qui ne pouvait faire des lois justes. Ce ne fut donc pas contre la France que les émigrés prirent les armes, mais contre ce gouvernement sanguinaire qui écrasait la patrie, et détruisait sa foi et sa constitution.

Sur l'invitation du comte d'Artois, les nobles d'Auvergne se rendirent à Coblentz et là, le

(1) Voir aux pièces justificatives la liste des signatures, n° 5.

20 du mois d'août, 1791, ils furent organisés en un escadron de deux compagnies.

Le nombre des émigrés augmentant, on forma, le 28 nombre 1791, une troisième compagnie et le 27 mars 1792, une quatrième et ces deux nouvelles compagnies formèrent un second escadron. Total des deux escadrons : 259 combattants.

L'acte de coalition avait été signé par 308 gentilshommes auvergnats, mais onze étaient rentrés en France et trente-huit avaient fait choix d'autres corps. (1)

Ces deux escadrons furent incorporés dans la petite armée d'émigrés, dite *armée des princes*, parce qu'elle était sous le commandement des deux frères du roi, plus tard Louis XVIII et Charles X.

Le marquis de Laqueille fut nommé commandant en chef et l'abbé Delzons, d'Aurillac, aumônier. Les deux escadrons n'étant pas assez nombreux pour former un corps distinct, on les réunit à deux autres escadrons d'émigrés français, formés par le duc de Lorges à Limbourg et ces quatre escadrons assemblés formèrent une brigade qu'on appela Colonel-Général et dont

(1) Voy. aux pièces jutificatives l'organisation des escadrons n° 6.

le commandement supérieur fut, par déférence pour les gentilshommes auvergnats, confié au vicomte de Beaune, ancien président de l'Assemblée provinciale.

Les Princes avaient décidé que des appointements seraient payés aux émigrés français, mais la noblesse d'Auvergne, toujours chevaleresque, voulut servir à ses frais.

La guerre avait été déclarée ; la Prusse et l'Autriche d'un côté, la France de l'autre, allaient se rencontrer sur les champs de bataille ; c'était dans l'été de 1792. Les escadrons auvergnats durent suivre le mouvement des armées prussiennes qui s'avançaient vers les frontières de la France. Ils quittent leur cantonnement de Thal, près Coblentz, le 2 juillet 1792.

« Nous nous mettons en route, dit d'Espinchal (1), qui commandait une compagnie, avec d'autant plus de plaisir que nous espérons enfin commencer les opérations militaires et que nous nous flattons de pouvoir concourir au rétablisse-

(1) La famille d'Espinchal tenait son nom d'une terre située entre Besse et Condat. Au commencement de la Révolution, elle habitait Massiac et était représentée par Joseph-Themas, marquis d'Espinchal, maréchal de camp, et ses trois fils : Louis-Henri, Alexis et Hippolyte. Ils émigrèrent tous les quatre. Alexis fut fusillé à Lyon en 1799. Hippolyte mourut en 1864 âgé de 87 ans, le dernier de son nom.

ment de la tranquillité dans notre malheureuse patrie et à la délivrance de son souverain pour lequel nous nous sommes tous armés. Le 21 juillet, n'étant qu'à deux lieues de Bingen et ayant eu avis que M. le comte d'Artois, qui nous appelle ses *bons Auvergnats*, a le désir de nous voir sur notre route, nous nous arrêtons à la porte de Bingen et nous nous mettons en bataille sur le grand chemin à sept heures du matin. M. le comte d'Artois vient, en effet, nous inspecter et nous fait beaucoup de compliments sur notre tenue militaire et sur la beauté de nos chevaux. Plusieurs de nos camarades, simples cavaliers dans nos compagnies, montent effectivement des chevaux de quatre-vingt à cent louis et il n'y en a guère qui valent moins de trente-cinq à quarante louis.

Tous nos valets vêtus en chasseurs et uniformément en vert, composent une petite troupe à notre suite. Ils sont tous bien montés, armés de sabres et ayant à leur tête quatre corps de chasse... Le lendemain, 22, le roi de Prusse, arrivant de Mayence, nous passa en revue à Bingen, sur les bords du Rhin... Il tint les propos les plus honnêtes sur notre troupe et parut frappé d'apercevoir dans les rangs huit à dix commandeurs de Malte et de voir autant de chevaliers. Le roi de Prusse a dîné avec nos princes... » (1)

Les escadrons auvergnats se dirigent vers la Moselle, passent à Trèves, arrivent à Thionville, sont, le 13 septembre, aux portes de Verdun que les Prussiens venaient de prendre. Ils prennent place dans la plaine de Châlons, s'attendant à combattre. Le 20 septembre à Valmy, le duc de Brunswick, général des armées prussiennes attaque les Français commandés par Dumouriez et Kellermann réunis, mais il est battu et il quitte le territoire français. Les escadrons d'Auvergne, qui n'avaient pas pris part au combat, repassent la frontière avec regret. Ils voyaient les armées de la Révolution victorieuses et les princes incertains sur le parti à prendre. Bientôt on leur fait dire que l'on donnera des congés et des passeports à tous ceux qui en demanderont. C'était avouer l'impuissance et l'embarras.

« On peut juger, dit d'Espinchal, de la désolation de tous ceux qui manquent de moyens et qui n'aperçoivent aucune apparence de secours pour l'hiver... »

Arrivés à Liège, les émigrés auvergnats cherchent à s'y procurer des ressources en vendant

(1) Mémoire d'Espinchal. — Notice sur M. de Laqueille.

leurs chevaux à bas prix. A l'approche de l'armée de Dumouriez victorieuse, ils passent la Meuse et s'établissent dans le pays de Juliers ; c'est là qu'ils furent licenciés officiellement, le 28 novembre 1792.

« Les escadrons d'Auvergne, dit Mège, se firent remarquer par leur bonne tenue. La campagne fut pour eux pénible et sans gloire. Ils eurent à subir, sans compensation, bien des fatigues, bien des privations, bivouaquant souvent sans tentes, sans abri, obligés, au milieu d'habitants hostiles, de pourvoir eux-mêmes à leur subsistance. L'argent même finit par leur faire défaut.... Et ce ne furent pas les seuls déboires qu'éprouvèrent les émigrés dans cette triste campagne ; les humiliations ne leur manquèrent pas tant de la part des souverains et chefs d'armée que de la part des chefs subalternes. Ils furent en butte à mille vexations d'amour propre ». (1)

La campagne ne dura que quelques mois et encore les émigrés n'eurent pas l'occasion de combattre.

Ils se débandèrent, la tristesse dans l'âme, commençant à désespérer du succès de leur cause.

(1) Notice sur M. de Laqueille.

Plusieurs passèrent à l'armée de Condé qui, lui aussi, s'était formé une petite armée d'émigrés. Il tint plus longtemps la campagne que les Princes. De 1792 à 1800, il guerroya sur les frontières de France de concert avec les armées allemandes.

« Quel spectacle que cette foule d'officiers et gentilshommes, n'oubliant du passé que l'opulence et les honneurs, sacrifiant tout à l'avenir d'une royauté légitime et marchant à la conquête de cet avenir, le sac sur le dos : le prince de Condé lui-même n'était que feld-maréchal, le duc de Bourbon, général-major, le duc d'Enghien, simple major d'infanterie.

Bientôt se rallièrent au prince de Condé les débris de l'armée dite *l'armée des Princes*. Alors commença une nouvelle campagne, dont le début fut la brillante affaire, où quatre-vingts gentilshommes enlevèrent à la bayonnette la redoute de Belhein, sur trois cents républicains. Le courage fut égal des deux côtés, mais l'attaque si terrible, qu'un grand nombre de républicains tombèrent au pouvoir des émigrés.

Les prisonniers attendaient la mort, ils ne connaissaient pas l'âme de Condé. Le prince envoie un de ses officiers leur porter ces paroles : « Vous nous égorgez, quand nous avons le malheur de tomber entre vos mains, mais, fidèle aux principes de la religion et de l'honneur que nous professons tous, le prince qui nous commande m'a ordonné de vous faire donner tous les secours qui vous sont nécessaires. »

On attaqua les lignes de Wissembourg. A l'armée de Condé appartenaient tous les périls; à elle revint tout le succès. C'est elle qui força les portes de la ville. Haguenau n'attendit pas le combat. La cocarde blanche excita un enthousiasme jusqu'au délire, parmi les braves alsaciens; ils demandèrent à grossir l'armée du prince...

Mais l'Autriche, par cette politique basse, intéressée et sans franchise, qui a été sa principale attitude pendant la Révolution, refusa l'accroissement du corps fidèle.

A l'affaire de Bertheim, l'armée de Condé fut attaquée dans ce village par un corps de douze mille républicains, qui, après un combat terrible, la forcèrent à reculer. Le prince rallia les siens; et, par une inspiration de famille, sautant à bas de son cheval et tirant l'épée : « *Messieurs*, dit-il à ses compagnons d'armes, *vous êtes tous des Bayards, il faut reprendre ce village* », et le village fut repris. Pendant cette action, qui fut meurtrière, le fils et le petit-fils se montrèrent dignes d'un tel père !

Le duc de Bourbon fut blessé grièvement; le duc d'Enghien combattit corps à corps et enleva avec quelques hommes une pièce de canon; ses habits furent criblés de balles.

Ces succès d'un si heureux augure furent trompeurs, puisque aussitôt après eut lieu la retraite inexplicable de l'armée autrichienne, couverte encore et protégée par la poignée de braves des trois Condé!

Quelque temps après on apprit la mort du jeune Louis XVII, prisonnier au Temple, et Monsieur, comte de Provence, fut proclamé roi sous le nom de Louis XVIII.

Cependant, au sein même de l'armée républicaine, s'élevait de la sympathie et de l'admiration pour ces braves Français, qui combattaient pour leur souverain légitime; la honte de servir les ignobles maîtres, que s'était donnés la France, germait dans bien des âmes...

Des négociations furent entamées entre le prince de Condé et le général Pichegru; un plan commun concilia toutes leurs vues; soixante mille Français sous les ordres de Condé marchaient sur Paris au nom du *roi et de la liberté* et le régime du crime tombait. Ce fut encore la politique de l'Autriche, si fatale aux émigrés, qui ruina ces projets. La condition essentielle, unique, avait été celle-ci : « *Les Français seuls pour sauver la France, point d'étrangers* ». L'Autriche demandait qu'on lui livrât Neufbrisach, Huningue et Strasbourg. Dès lors tout fut rompu, tout devait l'être.

Malgré leur cruelle trahison, les Autrichiens ne tardèrent pas à devoir leur salut aux Condé. Au fort de Kehl, le duc d'Enghien arrêta d'abord, avec une de ses compagnies, vingt mille républicains et ne leur abandonna le terrain qu'après avoir coupé un pont et suspendu leur poursuite. Plus tard, à la journée de Biberah, ce fut encore le prince de Condé, soutenu par son petit-fils, qui repoussa le choc de l'ennemi, tandis que la terreur et la confusion se répandaient dans les rangs autrichiens. Le duc de Berry, fils du comte d'Artois, vint pour apprendre de son cousin le métier des armes ; il prouva ce jour-là que le même sang coulait dans les veines des deux branches de Bourbon. Le jeune prince ne quitta pas un instant le prince de Condé, au milieu des boulets et des obus, qui sifflaient sur sa tête. Le plus bel éloge de l'armée de Condé sortit de la bouche du général Moreau : « *Sans cette poignée d'émigrés, j'étais maître de l'armée autrichienne* » (1).

(1) De Lavillate, p. 28.

Enfin l'armée de Condé, après mille péripéties, après une longue suite de succès et de revers, se débanda et fut licenciée en 1801.

Ainsi finit la coalition de la noblesse d'Auvergne, et maintenant cette noblesse dispersée sur tous les chemins de l'Europe, dépouillée, ruinée, ne se relèvera plus ; il n'en reste que des débris épars.

On a beaucoup blâmé la noblesse d'avoir combattu contre la France : c'est une injure imméritée. Ce n'est pas contre la France qu'elle a combattu, mais contre ses tyrans, pour son roi légitime.

On dit que les nobles auraient dû rester en France et se défendre par des moyens légaux. Ce que nous avons raconté prouve en toute évidence que c'était là une impossibilité absolue. Il n'y avait pas de légalité pour les classes privilégiées. Les nobles furent mis hors toutes les administrations, hors la loi, poursuivis, dépouillés, massacrés ; comment auraient-ils pu faire entendre dans les assemblées publiques quelques paroles de légitime défense !

Ils auraient dû, dit-on encore, lutter contre la Révolution en se serrant contre le trône, autour du roi. Impossibilité encore ici. D'ailleurs c'eût été la guerre civile.

Il n'y avait qu'un choix à faire : ou la guerre civile à l'intérieur ou la guerre civile à l'extérieur; la noblesse choisit ce dernier parti.

« A ces mots de *guerre civile*, dit le comte de Montlosier, je ne doute pas qu'un certain nombre de braves gens ne frémissent et ne me blâment. Je confesserai tant qu'on voudra, avec eux, qu'une guerre civile est par sa nature un événement malheureux. Ce qu'il y a de plus malheureux encore, cent fois, c'est l'acceptation ou servile ou hypocrite d'un système d'iniquité et d'outrage. Faites telle loi ou telle diatribe que vous voudrez contre le duel, il me sera curieux ensuite d'entendre au coin d'un bois un brigand dire à l'homme qu'il attaque, qu'il ne doit pas se défendre, sous prétexte que le duel est proscrit par les lois. Quand une partie de la nation attaquera un autre partie, ce sera une belle chose à dire à celle qui est attaquée : Ne vous défendez pas, la guerre civile est un fléau. Singulière logique qui justifierait les assassinats par la crainte du duel, et les massacres civils de peur de guerre civile !

Guerre contre la patrie ! Où était-elle alors la patrie ? Etait-ce le mont Valérien ou la Seine, la rue Saint-Honoré ou la place qui allait voir s'élever l'échafaud de Louis XVI ?

Qu'est-ce que la patrie, dans un pays où toutes

les moralités sont détruites et où il ne reste plus qu'un matériel de territoire ou de pierres arrangées en édifices ? Qu'est-ce que une patrie, où les femmes sont déshonorées, les prêtres et les vieillards outragés, les nobles persécutés ? Qu'est-ce qu'une terre de liberté, où le roi est emprisonné, et où des Necker, des Mounier et des Lally ne peuvent plus habiter ? Franchement il n'y avait plus alors de patrie ; ou, s'il y en avait, elle était tellement mutilée qu'elle était méconnaissable. Il fallait évidemment se combiner quelque part pour la rétablir et la refaire. Cette mission appartenait éminemment à ceux qui, ayant reçu, eux et leurs pères, plus d'honneur dans leur pays, étaient tenus par cette raison même à plus de reconnaissance et de sacrifices. » (1)

(1) *Mémoires.*

PIÈCES JUSTIFICATIVES

N° 1

UN MARIAGE DE NOBLES

On lit dans la *Semaine religieuse de Clermont*, numéro du 8 novembre 1873, ce qui suit :

Nous devons à une obligeante communication diverses pièces se rapportant à une alliance contractée, en 1787, entre deux des plus puissantes familles de l'Auvergne. Mgr de Bonal ayant béni le mariage et prononcé un discours à cette occasion, nous sommes sûrs d'intéresser le lecteur en lui faisant connaître et le discours et l'assistance d'élite qui entourait les époux auxquels il fut adressé. Il est curieux, après les révolutions qui ont bouleversé notre pays, de voir réunis dans un antique manoir, à la veille des événements qui allaient abattre leur puissance et les jeter dans des maux extrêmes, les hauts personnages qui occupaient les premiers rangs dans la société d'Auvergne, à la fin du dix-huitième siècle.

Le mariage se célébrait à Surgères, canton de Saint-Dier (Puy-de-Dôme), le 16 octobre 1787, entre demoiselle Anne-Marie de Bosredont et très-haut et très-puissant seigneur Jean-Louis-Victor-Eustorge, comte de Besse de la Richardie.

Etaient présents :

Gabriel-Annet de Bosredont, chevalier, seigneur, marquis de Puy-Saint-Gulmier, Creste, Sachat, Roche-Romaine, en partie de Saint-Vincent, le Caze, Brousse, Montbrun et en partie de Chaudesaigues, baron et seigneur de Surgères et de ses dépendances et autres places, lieutenant de nos seigneurs les maréchaux de France, conseiller du roi en ses conseils et sénéchal de Clermont-Ferrand, grand-père de la future épouse ;

Marie, marquise de Bosredont, née Randon de Châteauneuf d'Apcher, grand'mère de la future épouse ;

Antoinette-Louise-Nicole, comtesse de Bosredont, née de Bouillé, mère de la future épouse ;

Louise-Françoise, marquise de Besse, née de Rochechouart, mère du futur époux, veuve de Claude, marquis de Besse, seigneur d'Aulhat, du Puy-de-Celle, du Viscomtat, de Châteauneuf du Drac, de Saint-Paul-en-Chalençon et autres places, mestre de camp de cavalerie ;

Dame Rose-Françoise-Victoire de Rochechouart, sœur de la marquise de Besse ;

Le comte de Mont-Boissier, lieutenant-général des armées du roi, chevalier des ordres, gouverneur de Bellegarde, commandant de la province d'Auvergne ; Jules Corneille de Latouche, lieutenant des vaisseaux du roi ; le comte Louis de Bouillé, capitaine du régiment royal de Pologne, cavalerie ; autre comte de Bouillé, mestre de camp, commandant du régiment du Viennois ; le vicomte de Bouillé, capitaine au régiment du Vexin ; l'abbé de Bouillé, comte et vicaire général de Vienne ; le comte d'Espinchal ; le comte d'Aurelles de Cornay ; le comte de Pons ; l'abbé de Pons, vicaire général de Clermont ; les marquis et comte de Larochelambert ; les comtes de Lassalle, de Virginet, de Saint-Provin, de Fargues, de Bar, tous parents des parties ;

M. l'abbé du Chaylat ; les comtes de Larochette de Matharel, du Chéry, de la Colombe de la Chapelle et plusieurs autres seigneurs et amis au nombre desquels figuraient des représentants des Montboissier de Lévis, des Mirepoix-Besse de St-Didier, d'Albignac de Marsan, des Rochechouart de Latouche, des Caumont de Lavigne, des Dier de Pons, des Rochechouart de Montboissier, des Beaupiroux d'Andelle ; des membres du clergé du lieu, MM. Broquin, curé, Lavigne, vicaire, Montelon, prêtre, enfin les notaires royaux, Sudre, Bayle et Gerle.

Voici le discours de Mgr de Bonal ;

« Dépositaire, Monsieur et Mademoiselle, au nom de Dieu, de la foi que vous venez solennellement vous jurer aux pieds du saint autel, je dois comme Pontife et comme votre Pasteur vous dire avec l'apôtre saint Paul que c'est un grand sacrement que celui que vous allez recevoir. Oui, il est grand, parce qu'il retrace l'union intime de J.-C. avec son Eglise ; il est grand parce qu'il impose les devoirs les plus sacrés, parce qu'il intéresse également la Religion, l'Etat et la société ; parce que le salut des époux dépend ordinairement des grâces qu'ils y recoivent et de la fidélité avec laquelle ils y répondent ; parce qu'il décide souvent du sort éternel ainsi que du bonheur de cette vie pour la postérité la plus nombreuse.

« Instruits l'un et l'autre, Monsieur et Mademoiselle, à l'école de la sagesse, nourris dès votre tendre enfance du lait de la vertu, formés à la foi et à la prière par la religieuse sollicitude de parents chrétiens, ce n'est pas vous sans doute que je dois m'attacher à éclairer sur la pureté des vues qui doivent vous animer, dans l'alliance que vous formez ici, sous le sceau de la religion. Ce n'est pas vis-à-vis de vous qu'il m'est prescrit d'insister sur la sainteté et la ferveur qu'exige cette divine cérémonie.

« Trouvez bon cependant que je vous représente que c'est le sang adorable de l'Homme-Dieu qui va cimenter vos engagements; que c'est Dieu lui-même qui, par mon ministère, recevra les paroles de fidélité conjugale que vous allez vous donner; que ces paroles seront écrites au ciel qui en deviendra le garant et formeront en grande partie la matière de votre jugement.

« L'impiété, l'incrédulité, l'ignorance ou la cupidité font regarder, je le sais, à une multitude d'hommes le mariage comme une vaine cérémonie, comme un appareil de pure forme. Hélas! de là, n'en doutons point, viennent les plaies les plus graves du christianisme; les plus grands désordres de la société. Les grâces du Ciel profanées et méprisées doivent se convertir en anathèmes et en malédictions.

« Pour vous, Monsieur et Mademoiselle, chez qui les principes surnaturels ont été entés par des mains habiles sur les sentiments élevés qui sont le partage de la haute naissance qui vous distingue, vous que la plus tendre comme la plus sage vigilance a éloignée de l'horrible contagion du siècle, vous donnez à l'Eglise l'espoir flatteur de trouver dans les enfants, qu'il plaira à la divine Providence de vous accorder, des chrétiens fidèles et religieux, à l'Etat des citoyens vertueux et utiles, à la société des membres qui lui seront chers et qui en feront l'ornement. Mais observez, je vous en conjure, que ce ne sera que par la plus exacte assiduité à les former à la religion et à la piété, et par l'influence habituelle de vos bons exemples que vous les rendrez tels ; que le concours et le concert qui doivent nécessairement présider à cette heureuse et intéressante éducation sont les fruits précieux de l'union la plus étroite qui doit régner entre vous; que rien ne pourrait autoriser ni excuser l'altération de cette union parfaite qui fait le bonheur des époux et l'édification publique; que vos esprits et vos cœurs doivent former un tel ensemble que la tendresse accompagne toujours les discussions et ne permette jamais la dispute ; que chacun de vous s'impose ici la loi de plier son caractère et de captiver ses caprices, pour se concentrer dans la sphère de cette complaisance raisonnable qui est la gardienne de la paix domestique et le doux lien de félicité commune ; que c'est l'amitié qui doit commander et l'amitié qui doit céder ; que le ton d'empire est aussi sévèrement interdit au mari que le ton d'indépendance l'est à l'épouse ; que l'autorité de l'un doit s'exercer selon la raison et dans les termes de la douceur et de la tendresse ; la docilité de l'autre se montrer sans inquiétude, sans humeur et sans contrainte, que selon la foi comme selon la nature l'un doit supporter les défauts, les imperfections ; les faiblesses de l'autre et chacun être réciproquement l'appui et le consolateur de celui qui souffre ou est affligé.

« C'est dans la grâce puissante des sacrements, Monsieur et Mademoiselle, si, comme je l'espère, vous la puisez abondamment par de saintes dispositions, si, comme j'aime à me le promettre, vous la conservez avec fidélité, que vous trouverez des secours nécessaires contre la faiblesse naturelle qui pourrait vous entraîner et vous faire manquer à quelqu'un des devoirs auxquels vous vous assujettissez aujourd'hui.

« Qu'il me soit permis d'ajouter ici à mes vœux comme ministre de votre union dans l'ordre spirituel, ceux que je forme par l'impression des sentiments qui m'intéressent essentiellement à votre destinée. Que le Dieu d'Abraham, d'Isaac et de Jacob répande sur vous ses bénédictions les plus abondantes ! Qu'il renouvelle la jeunesse de vos respectables parents comme celle de l'aigle, pour qu'ils jouissent longtemps de la consolation que leur fournira le doux spectacle de votre félicité et celui d'une postérité digne d'eux et de vous ! C'en sera une bien précieuse pour moi que de partager la leur et de me rappeler que j'ai présidé à l'association intéressante qui la procure. Les mondains pourront l'appeler et l'appelleront sans doute une alliance des grâces avec les grâces ; pour moi je me plairai toujours à l'envisager comme celle des vertus avec les vertus. »

Une particularité frappe surtout dans ce discours : devant les saints autels, le prestige des grandes positions s'efface pour faire place à la gravité et à l'humilité chrétiennes : c'est de vertus que l'illustre évêque entretient souvent les époux, et il n'a qu'un mot pour relever l'éclat de naissance et du rang en présence d'une société, où tous se distinguent par la noblesse de l'origine et la distinction des emplois, mais où tous devaient savoir que Dieu ne regarde que la foi et la sainteté de la vie commune à tous les hommes. C'est ainsi que, dans cet ancien régime tant calomnié, les idées les plus sérieuses, les devoirs les plus saints, les plus hautes leçons de la modestie et de la simplicité commandées par l'Evangile avaient leur place et leur part.

N° 2

LOIS CONTRE LES NOBLES

« L'acharnement des républicains contre les émigrés fut poussé jusqu'aux plus extrêmes limites ; deux cent cinquante lois ou décrets furent rendus contre eux. Leur personne, leurs biens, leurs familles furent l'objet des mesures les plus iniques, chaque jour était édictée une aggravation nouvelle dans leur situation.

Pour n'en citer que quelques-unes :

1790. — Suspension de paiement des pensions et traitements des Français absents du royaume; sequestre de leurs revenus et bénéfices.

1791. — Ordre d'arrêter toutes les personnes qui sortiront du royaume ; soumission à une triple imposition mobilière et foncière des Français sortis de France ; les Français hors des frontières déclarés suspects et passibles de la peine de mort ; confiscation de leurs revenus.

1792. — Les biens des émigrés mis aux mains de la Nation ; annulation de tous actes de disposition de leurs biens ; certificats de résidence exigés des personnes possédant des biens hors de leur département ; privation du droit de citoyen pour l'émigré après sa rentrée en France; confiscation générale de tous les biens mobiliers et immobiliers des émigrés ; leurs pères, mères, femmes et enfants sont consignés dans les municipalités ; saisie et vente de leurs biens dans les colonies ; les pères et mères des émigrés contraints d'équiper, habiller et solder deux hommes par chaque enfant ; l'émigration cause de divorce ; les émigrés bannis à perpétuité ; peine de mort contre ceux qui rentreraient en France ; mise en vente de leurs effets mobiliers ; peine de mort contre les émigrés qui iront dans les colonies ; injonction aux émigrés rentrés de sortir.

1793. — Ordre de dresser des états de leurs biens ; cent livres de récompense à quiconque découvrira ou fera arrêter un émigré ; six ans de fers contre ceux qui cachent des émigrés ; ordre de dresser l'état des châteaux des émigrés ; démolition de ces châteaux ; distribution des matériaux aux citoyens peu fortunés ; formation des listes des émigrés ; les émigrés considérés comme morts civilement ; peines contre ceux qui troublent les acquéreurs de biens des émigrés ; peines contre les fonctionnaires négligents dans l'application des lois contre les émigrés ; les émigrés ne seront en aucun cas jugés par des jurés ; les dénonciateurs des biens d'émigrés soustraits au séquestre, reçoivent un dixième de la valeur de ces biens ; dix ans de fers contre les administrateurs qui refusent de mettre en vente les biens des émigrés ; les émigrés rentrés seront jugés par un tribunal criminel extraordinaire sans recours en cassation ; tous les décrets rendus contre les émigrés sont déclarés applicables aux déportés ; séquestre des biens des pères et mères des émigrés ; interdiction aux femmes et filles d'émigrés de sortir de France et de vendre leurs biens, sous peine d'être traitées comme émigrées ; interdiction des fonctions publiques aux pères, fils, frères, oncles, neveux et époux des émigrés, etc. » (1)

Les nobles même qui avaient accepté la révolution n'étaient pas supportés en France.

Dans la séance du 27 germinal an 2 (16 avril 1794), la Convention porta, sur la police générale, un décret dont le VIe article était ainsi conçu : « Aucun ex-noble, aucun étranger ne peut habiter Paris, ni les places fortes, ni les villes maritimes pendant la guerre. Tout noble ou étranger dans le cas ci-dessus, qui y serait trouvé, dans dix jours, est mis hors la loi. »

(1) *Municipalités du Puy*, par Boudon, tom. II, page 260.

Dans la discussion de cette loi, Couthon, de Clermont, avait protesté contre ce délai de dix jours : « Je vous observe, citoyens, dit-il, que, pendant ce délai de dix jours que vous accordez aux ex-nobles, ils pourront fomenter des troubles et faire le plus grand mal.

« Je demande qu'ils soient tenus de sortir sous trois jours de Paris et des autres villes désignées dans le décret. Il ne faut pas se dissimuler que la plupart de ces hommes, étant complices des factions que vous avez abattues, ils mettent tout en usage pour accabler le peuple. Il faut donc arrêter ce malheur ».

Cet amendement ne fut pas accepté.

Dans la séance du 28 germinal (17 avril) il demande que les faux nobles et les anoblis soient également éloignés.

« Quel est le but de cette loi ? s'écrie-t-il. De purger Paris et nos places fortes ou maritimes des hommes les plus dangereux. Plût à Dieu que l'on pût reconnaître tous les méchants à des signes certains et palpables, pour ainsi dire, aux yeux de tous, ou les ranger comme les nobles dans des catégories déterminées ! La tranquillité publique serait bientôt assurée et la république affermie. Mais il en est une espèce qui est susceptible d'être facilement saisie et caractérisée, et qui mérite au moins d'être associée à la caste des nobles; je veux parler de cette multitude d'aventuriers et d'intrigants qui, sans être nobles dans le système de l'ancien régime, se paraient effrontément des titres de la noblesse; de ces fripons ambitieux qui faisaient valoir de funestes et ridicules prétentions pour les usurper *(on applaudit)*. On sait que Paris surtout fut peuplé de tout temps de faux comtes, de faux marquis, le scandale et le fléau de la société. Je n'ai pas besoin de dire que cette espèce appartient nécessairement à la contre-révolution: ils sont les instruments naturels des factions; ils se sont trouvés tout formés pour servir les desseins de l'étranger; ils ont appliqué à tous les plans de conjuration leur lâche ambition et leur funeste industrie; en les chassant, vous éloignez vos plus dangereux ennemis; il est juste, il est nécessaire à la tranquillité qu'ils partagent la disgrâce des nobles dont ils ont voulu partager les honneurs et les vices. Le temps de les anoblir est arrivé (*applaudissements*). Vous pouvez les frapper avec moins de scrupule que les nobles eux-mêmes; ceux-ci peuvent du moins imputer en partie leur orgueil incurable et leur antipathie invincible pour la liberté du peuple au hasard de leur naissance et au vice de leur éducation ; mais les autres, à qui imputeront-ils leurs crimes et leurs bassesses, si ce n'est à leur propre perversité *(on applaudit)* ?

Nous vous proposons de décréter les dispositions suivantes :

1° Sont assimilés aux nobles et compris dans la même loi tous ceux qui, sans être nobles, suivant les idées ou les règles de l'ancien régime, ont usurpé ou acheté les titres ou les privilèges de la noblesse, ceux qui auraient plaidé ou fabriqué de faux titres pour se les attribuer. »

Cet article additionnel est décrété. (1)

(1) Moniteur universel tom. XX p. 224 — 225 — 234 — 243

N° 3

LA NOBLESSE ET L'ÉMIGRATION D'APRÈS TAINE

« Le privilégié ou noble qui, par les nouveaux décrets, semble seulement ramené sous le droit commun, se trouve en fait relégué hors du droit commun. Le roi désarmé ne peut plus le protéger ; l'Assemblée partiale rebute ses plaintes ; le Comité des recherches voit en lui un coupable lorsqu'il n'est qu'un opprimé. Son revenu, ses biens, son repos, sa liberté, son toit domestique, sa vie, la vie de sa femme et de ses enfants, sont aux mains d'administrations élues par la foule, dirigées par les clubs, intimidées ou violentées par l'émeute. Il est chassé des élections ; les journaux le dénoncent ; il subit des visites domiciliaires. En cent endroits, son château est saccagé ; les assassins et les incendiaires, qui en sortent, les bras sanglants ou les mains pleines, ne sont pas recherchés ou sont couverts par les amnisties ; des précédents multipliés établissent qu'on peut impunément lui courir sus. Pour l'empêcher de se défendre, la garde nationale en corps vient saisir ses armes : il faut qu'il soit une proie facile, et comme un gibier réservé dans son enclos pour le prochain jour de chasse. En vain il s'abstient de toute provocation et se réduit au rôle de particulier paisible ; en vain il supporte avec patience nombre de provocations, et ne résiste qu'aux dernières violences. J'ai lu en original plusieurs centaines d'enquêtes manuscrites ; presque toujours j'y ai admiré l'humanité des nobles, leur longanimité, leur horreur du sang. Non-seulement beaucoup d'entre eux ont du cœur et tous ont de l'honneur, mais encore, élevés dans la philosophie du dix-huitième siècle, ils sont doux, sensibles ; ils répugnent aux voies de fait. Surtout les officiers sont exemplaires ; leur seul défaut est la faiblesse ; plutôt que de tirer sur l'émeute, ils rendent les forts qu'ils commandent, ils se laissent insulter, lapider par le peuple. Pendant deux ans, « en butte à mille outrages, à la diffamation, au danger de chaque jour, poursuivis par les clubs et par les soldats égarés, » désobéis, menacés, mis aux arrêts par leurs hommes, ils restent à leur poste pour empêcher la débandade ; « avec une stoïque persévérance, ils dévorent le mépris de leur autorité pour en préserver le simulacre, » et leur courage est de l'espèce la plus rare, puisqu'il consiste à rester en faction, impassible, sous les affronts et sous les coups. Par une injustice énorme, une classe entière qui n'avait point de part aux faveurs de la cour et qui subissait autant de passe-droits que les roturiers ordinaires, la noblesse provinciale, est confondue avec les parasites titrés qui assiégeaient les antichambres de Versailles. Vingt-cinq mille familles, la pépinière des armées et des flottes, l'élite des propriétaires-agriculteurs, tant de gentilshommes qui font valoir sous leurs yeux la petite terre où ils résident, et n'ont pas, un an en leur vie, abandonné leurs foyers domestiques, deviennent les parias de leur canton. Dès 1789, ils commencent à sentir que pour eux la place n'est plus tenable. Il est absolument contraire aux droits de l'homme, dit une lettre de Franche-Comté, de se voir perpétuellement dans le cas d'être égorgé par des scélérats qui confondent toute la journée la liberté avec la licence. Je ne connais rien d'aussi fatigant, dit une lettre de Champagne, que l'inquiétude sur la propriété et la sûreté ; jamais elle ne fut mieux fondée ; car il ne faut qu'un moment pour mettre en mouvement une populace indocile, qui se croit tout permis et qu'on entretient soigneusement dans cette erreur. Après les sacrifices que nous avons faits, dit une lettre de Bourgogne, nous ne devions pas nous attendre à de pareils traitements ; je pensais au contraire que nos propriétés seraient les dernières violées, parce que le peuple nous saurait quelque gré de rester dans notre patrie pour y répandre le peu d'aisance qui nous reste... je supplie l'assemblée de lever le décret contre les émigrations autrement on dira que c'est retenir les gens pour les mettre sous le fer des assassins... Dans le cas où elle nous refuserait cette justice, j'aimerais autant qu'il lui plût de rendre un décret de proscription contre nous ; car alors nous ne dormirions pas sous la garde de lois très sages, sans doute, mais respectées nulle part. Ce ne sont point nos privilèges, disent plusieurs autres, ce n'est point notre noblesse que nous regrettons ; mais comment supporter l'oppression à laquelle nous sommes abandonnés ? Plus de sûreté pour nous, pour nos biens, pour nos familles ; chaque jour, des scélérats, nos débiteurs, de petits fermiers qui volent nos revenus, nous menacent de la torche ou de la lanterne. Pas un jour de tranquillité, pas une nuit qui nous laisse la certitude de l'achever sans trouble. Nos personnes sont livrées aux outrages les plus atroces, nos maisons à l'inquisition d'une foule de tyrans armés ;

impunément nos rentes foncières sont volées, nos propriétés attaquées ouvertement. Seuls à payer les impositions, on nous taxe avec iniquité ; en divers lieux, nos revenus entiers ne suffiraient pas à la cote qui nous écrase. Nous ne pouvons nous plaindre sans courir le risque d'être massacrés. Les administrations, les tribunaux, instruments de la multitude, nous sacrifient journellement à ses attentats. Le gouvernement lui-même semble craindre de se compromettre en réclamant pour nous la protection des lois. Il suffit d'être désigné comme aristocrate pour n'avoir plus de sûreté. Si nos paysans en général ont conservé plus de probité, d'égards et d'attachement pour nous, chaque bourgeois important, des clubistes effrénés, les plus vils des hommes qui souillent l'uniforme, s'arrogent le privilège de nous insulter ; ces misérables sont impunis, protégés. Notre religion même n'est pas libre, et l'un de nous a vu sa maison saccagée pour avoir donné l'hospitalité à un curé octogénaire de sa paroisse, qui a refusé de prêter serment. Voila notre destinée ; nous ne serons pas assez infâmes pour la supporter. C'est de la loi naturelle et non des décrets de l'Assemblée nationale que nous tenons le droit de résister à l'oppression. Nous partons, nous mourrons, s'il le faut. Mais vivre sous une anarchie aussi atroce ! si elle n'est pas détruite, nous ne remettrons jamais les pieds en France.

L'opération a réussi. Par ses décrets et par ses institutions, par les lois qu'elle édicte et par les violences qu'elle tolère, l'Assemblée déracine l'aristocratie et la jette hors du territoire. Privilégiés à rebours, les nobles ne peuvent rester dans un pays où, en respectant la loi, ils sont effectivement hors la loi. Les premiers qui ont émigré, le 15 juillet 1789, avec le prince de Condé, avaient reçu la veille à domicile une liste de proscription où ils étaient inscrits, et où l'on promettait récompense à qui apporterait leurs têtes au caveau du Palais-Royal. D'autres, plus nombreux, sont partis après les atentats du 6 octobre. Dans les derniers mois de la Constituante, l'émigration se fait par troupes et se compose d'hommes de tout état... Douze cents gentilshommes sont sortis du Poitou seul ; l'Auvergne, le Limousin, dix autres provinces, viennent également d'être dépeuplées de leurs propriétaires. Il est des villes où il ne reste plus que des artisans de basse profession, un club, et cette nuée de fonctionnaires dévorants, créés par la Constitution. La noblesse de Bretagne est entièrement sortie ; l'émigration commence en

Normandie ; elle s'achève dans les provinces frontières. — Plus de deux tiers de l'armée vont se trouver sans officiers. En présence du nouveau serment qui omet exprès le nom du roi, six mille ont donné leur démission. Peu à peu, l'exemple est devenu contagieux : ce sont des gens d'épée, et le point d'honneur les pousse ; beaucoup vont rejoindre les princes à Coblentz, et combattront contre la France, en croyant ne combattre que contre ses bourreaux.

....

Ni dans la vie publique, ni dans la vie privée, ni à la campagne, ni à la ville, ni réunis, ni séparés, les nobles ne sont à l'abri. Comme un nuage noir et menaçant, l'hostilité populaire pèse sur eux, et, d'un bout à l'autre du territoire, l'orage s'abat par une grêle continue de vexations, d'outrages, de diffamations, de spoliations et de violences ; çà et là, et presque journellement, des coups de tonnerre meurtriers tombent au hasard sur la tête la plus inoffensive, sur un vieux gentilhomme endormi, sur un chevalier de Saint-Louis qui se promène, sur une famille qui prie à l'église. Mais, dans cette noblesse, écrasée sur place et meurtrie partout, la foudre trouve un groupe prédestiné qui l'attire et sur lequel incessamment elle frappe : c'est le corps des officiers...

Avec l'autorisation du ministre, le soldat va au club, où on lui répète que ses officiers, étant des aristocrates, sont des traitres; à Dunkerque, on lui enseigne, en plus, des moyens de se défaire d'eux. Clameurs, dénonciations, insultes, coups de fusil, ce sont là les procédés naturels, et on les pratique ; mais il en est un autre, récemment découvert, pour chasser un officier énergique et redouté. On se procure un bretteur patriote qui vient le provoquer. Si l'officier se bat et n'est pas tué, la municipalité le traduit en justice, et ses chefs le font partir avec ses seconds, pour ne pas troubler l'harmonie du militaire et du citoyen. S'il refuse le duel proposé, le mépris de ses soldats l'oblige à quitter le régiment. Ainsi, dans les deux cas, on est débarrassé de lui. Point de scrupule à son endroit ; présent ou absent, on est sûr qu'un officier noble conspire avec ses camarades émigrés ; là-dessus une légende s'est bâtie. Jadis, pour prouver que l'on jetait les sacs de farine à la rivière, les soldats alléguaient que ces sacs étaient liés avec des *cordons bleus*. A présent, pour croire qu'un officier conspire avec Coblentz, il suffit de constater qu'il monte *un cheval blanc*....

Il est manifeste que pour les officiers nobles, la place n'est plus tenable. Après vingt-trois mois de patience, beaucoup sont partis par conscience, lorsque l'Assemblée nationale, leur imposant un troisième serment, a effacé de sa formule le nom du roi, leur général-né. D'autres s'en vont, à la fin de la Constituante, parce qu'ils sont en danger d'être pendus. Un grand nombre donnent leur démission à la fin de 1791 et dans les premiers mois de 1792, à mesure que le nouveau code et le nouveau recrutement de l'armée développent leurs conséquences. En effet d'un côté, les soldats et les sous-officiers ayant une part dans l'élection de leurs chefs et un siège dans les tribunaux militaires, l'ombre de la discipline n'existe plus; le pur caprice prononce dans les jugements; le soldat contracte l'habitude de dédaigner ses supérieurs dont il ne craint aucune peine et dont il n'attend aucune récompense; les officiers sont paralysés au point d'être des personnages entièrement superflus. D'un autre côté, la majorité des volontaires nationaux se compose, d'hommes, achetés par les communes et par les corps administratifs, mauvais sujets du coin des rues, vagabonds des campagnes, qu'on fait marcher par le sort ou par argent, avec eux des exaltés, des fanatiques, tellement qu'à partir de mars 1792, depuis leur lieu d'engagement jusqu'à la frontière, leur trace est partout marquée par des pillages, des vols, des dévastations et des assassinats. Naturellement, en route et à la frontière, ils dénoncent, chassent, emprisonnent ou massacrent leurs officiers, surtout les nobles. Et pourtant, en cette extrémité, nombre d'officiers nobles, surtout dans l'artillerie et le génie, s'obstinent à leur poste, les uns par principes libéraux, les autres par respect de la consigne, même après le 10 août, même après le 2 septembre, même après le 21 janvier, comme leurs généraux Biron, Custine, de Flers, de Broglie, de Montesquiou, avec la perspective incessante de la guillotine, qui viendra les prendre au sortir du champ de bataille et jusque dans les bureaux de Carnot.

Il faut donc que les officiers et les nobles s'en aillent à l'étranger, non seulement eux, mais leur famille. Des gentilshommes ayant à peine six cents livres de rente partent à pied, et, sur le motif de leur départ, on ne peut se méprendre. Quiconque considèrera impartialement les seules et véritables causes de l'émigration, dit un honnête homme, les trouvera dans l'anarchie. Si la liberté individuelle n'était pas journellement menacée, si, dans l'ordre civil comme dans l'ordre militaire, l'on n'avait pas mis en pratique le dogme insensé, prêché par les factieux, que les crimes de la multitude sont les jugements du Ciel, la France eût conservé les trois quarts de ses fugitifs. Exposés depuis deux ans à des dangers ignominieux, à des outrages de tout genre, à des persécutions innombrables, au fer des assassins, au brandon des incendiaires, aux plus infâmes délations, aux dénonciations de leurs serviteurs corrompus, aux visites domiciliaires provoquées par le premier bruit de la rue, aux emprisonnements arbitraires du Comité des recherches, privés de leurs droits civiques, chassés des assemblées primaires, on leur demande compte de leurs murmures, et on les punit d'une sensibilité qui toucherait en des animaux souffrants.

Aucune résistance ne s'est présentée ; depuis le trône du prince, jusqu'au presbytère du curé, l'ouragan a prosterné les mécontents dans la résignation. Abandonnés à la fureur inquiète des clubs, des délateurs, des administrateurs intimidés, ils trouvent des bourreaux partout où la prudence et le salut de l'Etat leur ont prescrit de ne pas même voir des ennemis... quiconque a détesté les énormités du fanatisme et de la férocité publique, quiconque a accordé sa pitié aux victimes entassées sous les débris de tant de droits légitimes et d'abus odieux, quiconque enfin a osé élever un doute ou une plainte, a été affiché *ennemi de la nation*. Après avoir présenté ainsi les mécontents comme autant de conspirateurs, on a légitimé dans l'opinion tous les crimes dirigés contre eux. La conscience publique, formée par les factieux et par cette bande d'écumeurs politiques qui seraient l'opprobre d'une nation barbare, n'a plus considéré les attentats contre les propriétés et les villes que comme une *justice nationale*, et, plus d'une fois, l'on a entendu la nouvelle d'un meurtre ou la sentence qui menaçait de mort un innocent, faire éclater des hurlements d'allégresse. Il fut donc établi deux droits naturels, deux justices, deux moralités ; par l'une, il est permis de faire contre son semblable, réputé aristocrate, tout ce qui serait criminel s'il était patriote....

Avait-on prévu qu'au bout de deux ans la France, peuplée de lois, de magistrats, de tribunaux, de gardes citoyennes liées par des serments solennels à la défense de l'ordre et de la sûreté publique, serait encore et toujours une arêne où *des bêtes féroces dévoreraient des hommes désarmés ?* A tous, même aux vieillards, aux veuves, aux enfants, on fait un crime de se dérober à leurs griffes. Sans distinguer entre ceux qui se sauvent pour ne pas devenir une proie et ceux qui s'arment pour attaquer la frontière, la Constituante et la Législative condamnent tous les absents. La Constituante a triplé leurs impositions foncières et mobilières, et prescrit une retenue triple sur leurs rentes et redevances. La Législative séquestre, confisque, met en vente leurs biens, meubles et immeubles, près de quinze millions de valeurs liquides. Qu'ils reviennent se mettre sous les couteaux de la populace ; sinon, ils seront des mendiants, eux et toute leur postérité. A ce coup, l'indignation déborde, et un bourgeois, un libéral, un étranger, Mallet-Dupan s'écrie :

« Quoi ! vingt mille familles absolument étrangères aux projets de Coblentz et à ses rassemblements, vingt mille familles dispersées sur toute la face de l'Europe, par les fureurs des clubs, par les crimes des brigands, par le défaut constant de sûreté, par la stupide et lâche inertie des autorités pétrifiées, par le pillage des propriétés, par l'insolence d'une cohorte de tyrans sans pain et sans habits, par les assassinats et les incendies, par la basse servilité des ministres silencieux, par tout le cortège des fléaux de la Révolution, quoi, ces vingt mille familles désolées, des femmes, des vieillards, verront leurs héritages devenir la proie des gaspillages nationaux ! » (1)

(1) *La Révolution*, t. 1, p. 206 et suiv. — pag. 420, 429, 431, 435.

N° 4

NOBLES INSCRITS SUR LA LISTE DES ÉMIGRÉS DU CANTAL

(Nous conservons l'orthographe de la liste).

District d'Aurillac

Artis, Antoine-Joseph, dernier domicile à Tours, biens à Thiézac et Vic.

Arzac. Charles, ci-devant comte de Montmurat.

Acier, Detannes, dernier domicile dans le Tarn.

Artis, Antoinette-Cécile, femme de Marescot, ci-devant noble, dernier domicile à Tours, biens à Thiézac, Vic, Montjoie.

Bonafos, 2e du nom, ci-devant capitaine au 34e régiment, de Mourjou.

Bonafos, 3e du nom, lieutenant au même régiment, de Mourjou.

Boschatel, cadet, ci-devant garde-du-corps, d'Ytrac.

Béral, Françoise, veuve de Jean André Meallet de Fargues, de Vitrac, dernier domicile à Lyon.

Barral, Jeanne-Françoise, veuve de Louis de Fontanges, dernier domicile à Lyon.

Bardonnens, Marianne de Sansác, ci-devant marquise de Miramon, de Polminhac.

Béral, fils, 1er du nom, de Sédaiges, ci-devant officier, de Marmanhac.

Béral, fils, 2e du nom, de Sédaiges, ci-devant officier, de Marmanhac.

Chazelles, Nicolas, de Vic-sur-Cère.

Cassagnes, Jean-Gaspard, Beaufort-Miramon, ci-devant marquis, de Polminhac.

Cassagnes, Marie-Charlotte, Beaufort-Miramon, femme de Duplessis Chatillon,

Caldaguès, Raymond, Deservals, colonel, biens à Saint-Jacques-des-Blats.

Caldaguès, Joseph-François, Deservals, officier, de Saint-Jacques-des-Blats.

Caldaguès, Charles-Antoine, Deservals, officier, de Saint-Jacques des-Blats.

Colinet, 1er du nom, Antoine-Raymond, de Niocel, d'Aurillac.

Colinet, 2e du nom, Chastel-Henri, de Niocel, d'Aurillac.

Crozet, Pierre-Guillaume-Géraud, d'Auterives-Laplaze, garde-du-corps, biens à Aurillac et Omps.

Castre, Jean-François Detersac, ci-devant capitaine, de Teissières-de-Cornet.

Champflour Douradour, ci-devant noble, officier, d'Arpajon.

Calonne Durageau, officier, de St-Cernin.

Caldaguès, Hippolyte, femme de Rodes de Vernières.

Debals Detrinqualéon, ci-devant noble.

Duplissis Dechatillon, de Polminhac.

Deconquens Commurat, de Boisset.

D'Humières, Pierre-François-Joseph, officier, de Marcolès.

Dufau, Jean-Louis-François, capitaine, de Saint-Santin.

Duverdale, Lestang, officier, d'Arpajon.

Decorn, ci-devant marquis, biens à Arpajon.

Derives, Antoine-Pierre, officier de marine, de Vic.

Dieudonné, Pierre-Géraud-Marie, Lachenaye de la Condamine, officier, biens à Aurillac et Marcolès.

Dieudonné, 3e du nom, Jean-Baptiste-Amable Lachenaye, officier, biens à Aurillac et Marcolès.

Dieudonné, 4e du nom, François-Jean-Louis Lachenaye, officier, biens à Aurillac et Marcolès.

Dangeny, 4e du nom, Joseph.

Degreil, aîné, Lavolpillière, ci-devant noble, biens à Raulhac et à Saint-Clément.

Degreil, cadet, chevalier de Messilhac, officier de Raulhac.

Bourdon de Pierrefiche, ci-devant capitaine, de Mur-de-Barrez, biens à Vitrac.

Bourdon de Pierrefiche de Médajour, lieutenant, biens à Vitrac.

Bourdon de Pierrefiche, ci-devant officier de marine, biens à Vitrac.

Bourdon de Pierrefiche, dit le chevalier, ci-devant officier, biens à Vitrac.

Daraquis de Laborie, ci-devant garde-du-corps, de Gagnac, biens à Siran.

Deconquans Etienne de Lacamp, de Saint-Constans.

Dezondes, Louis, ci-devant noble, de Maurs.

Daudin François-Etienne de Breysse, capitaine, de Jussac.

Descaffres, officier, de Marmanhac.

Dupons, Marguerite-Victoire Bélestat, femme de J.-J. Meallet de Fargues, dernier domicile à Issoire, de Vitrac.

Fontanges Justin, ci-devant marquis, officier, biens à Lescure, Saint-Cirgues, Aurillac.

Guyon Honoré Matignon de Grimaldi, ci-devant prince de Monaco, biens à Calvinet

Giou, 1er du nom, Jean-Jacques-Henri, officier, biens à Vézac.

Giou, 2e du nom, Jean-Jacques-Henri, capitaine, biens à Vézac.

Giou, 3e du nom, officier, biens à Vézac.

Giou, 4e du nom, officier, biens à Vézac.

Guirard Louis-Marie de Montarnal, chevaux-légers, de Saint-Etienne-de-Maurs.

Guirard Louis-Joseph de Montarnal, de Saint-Etienne-de-Maurs.

Guirard, fille de Montarnal, dernier domicile à Chartrète, département de Seine-et-Marne, de Saint-Etienne de Maurs.

Gache Louis Devenzac, garde-du-corps, de Mur-de-Barrez, biens à Roussy et à Pailherols.

Gimel, père, Léonard-Louis Lentilhac, ci-devant noble, biens à Aurillac.

Gimel, fils, François-Charles Lentilhac, offic.

Lerou Antoine, aîné, ci-devant garde-du-corps, de Saint-Gérons.

Lacarrière, 1er du nom, François-Louis Decomblat-la-Rode, officier, de Vic.

Lacarrière, 2e du nom, Decomblat, officier de marine, de Vic.

Lacarrière, 3e du nom, Jean-Baptiste Decomblat, officier, de Vic.

Laserre, fils, Jean-Charles, officier, de Lacapelle-Viescamp.

L'Ecluse, 1er du nom, de la Chaussée, de Boisset.

L'Ecluse, 2e du nom, de la Chaussée, de Boisset.

Lagrange, Louis, f. Justin Figeagol, domicilié à Paris, biens à Junhac.

Lagrange-Sansac, Antoine-Joseph-Eléonore Figeagol, officier.

Lagrange, Louis-Denis Figeagol, officier.

Lagarde Charles-Louis-Jean-Armand de Saignes, de Parlan.

Léautoing Claude-Louis Danjony, de Tournemire.

Léautoing Marie-Iphigénie Danjony, de Tournemire.

Léautoing Marie-Madeleine Danjony, de Tournemire.

Léautoing fils Danjony, de Tournemire.

Latour fils cadet, de Cayrol.

Meallet, Bonnal, chevalier, capitaine, de Vitrac

Meallet, 1er du nom, Jean-Joseph Defargues, officier de Vitrac.

Meallet, 2e du nom, Defargues, commandeur de l'ordre de Malte, de Vitrac.

Meallet, 3e du nom, Defargues de Barriac, chevalier de Malte, de Vitrac.

Mallet, 4e du nom, Defargues dit de Riouzergues, officier de Vitrac.

Meallet, 6e du nom (le 5e du nom était prêtre) Defargues Saint-Géniès, de Vitrac.

Meallet, sœur des précédents, Defargues, de Vitrac.

Meallet Catherine-Marie-Madeleine Defargues, épouse d'Antoine d'Anjony, de Tournemire.

Meallet, cadet, de Faulat, François, de Marcolès.

Métivier Géraud-Aubin Devals, mousquetaire, d'Aurillac.

Marescot, Armand-Samuel, capitaine, de Thiézac.

Martel, Charlotte femme d'Antoine-Joseph Artis, de Thiézac,

Peyrac Jean-Joseph Dejugeals, capitaine, de Labontat.

Pérusse François-Alexandre Descars, capitaine, de Laroquebrou.

Pérusse, fille, Descars, de Laroquebrou.

Passefons, fils, Decarbonnat, d'Arpajon.

Pagès Jérôme Deshuttes des Clauzels, garde-du-corps, de Vic.

Pagès Jacques-Philippe Deshuttes du Teil, garde-du-corps.

Pellamourgues Jean-Louis Laguillauminque, de Cassaniouze.

Peyronnenq, épouse de Debals de Trinqualéon.

Robert Jean-Louis Lignerac, ci-devant duc de Caylus.

Saint-Martial, P. François de Conros, baron d'Aurillac, d'Arpajon.

Saint-Martial, de Conros, officier au 1er rég. d'infanterie, d'Arpajon.

Saint-Martial, de Conros, officier au 41e régiment.

Sarret François-Xavier de Fabrègues, ancien cap. d'Aurillac.

Séguy Joseph, ci-devant noble, de Prunet.

Saint-Amar ci-devant noble, domicilié à Terrou, District d'Aurillac.

Turenne fils, officier, de Montsalvy.

Verdier Géraud Gabriel, Sénezergues Dubarrat, ci-devant noble.

Verdier, fils Dubarrat.

Verdelon, garde-du-corps, de Roannes.

Yzarn Joseph, de Fraissinet de Valady, ci-devant comte, biens à Raulhac.

Yzarn, fils, Fraissinet de Valady, marquis, député de l'Aveyron à la Convention, biens à Raulhac.

District de Murat

Brugier Pierre-Joseph Dandelat, de Saint-Flour, biens à Saint-Saturnin.

Chavagnac, aîné, Frédéric-René, biens à Cheylade, Lugarde.

Dufour, 1er du nom, Dominique-Marie-Aimé Deprats, officier, biens à Prats, Pradiers, etc.

Dufour, 2e du nom, Hector Deprats, officier, biens à Prats.

Dienne, Jean, Saint-Eustache, de Moissac.

Dufour, Jean-Baptiste-Claude, Devilleneuve, de Clermont, biens à Lafeuillade.

Duclos, fils aîné, bourgeois de Marcenat.

Dauphin, Delaval, de Chavagnac.

Larochelambert, Louis, d'Issoire, biens à Bredons.

Lévis, Gaston, de Mirepoix, biens au Cheylard, Dienne, Valuéjols.

Montagut, Debonne, de Plauzat près d'Issoire, biens à Ségur.

Ransilhac, 1er du nom, Jean-Raymond, Dechazelles, de Murat.

Ransilhac, 2e du nom, Claude-Amable, Dechazelle de Murat.

Ransilhac, 3e du nom, Duroc, de Murat.

Reboul, Duchauzet, de Clermont.

Saleins, ci-devant noble, biens à Laveyssenet.

Sauret, 1er du nom, Jean, Decheylus, biens à Lajarrousset.

Sauret, 2e du nom, Pierre, Decheylus, biens à Lajarrousset, près Murat.

Tassy, Isaac-Ignace, Monthuc, du Sartre, de Cheylade.

Traverse, Jean-Pierre, d'Anteroche, de Piédarnal, de Bredons,

District de Mauriac

André, 1er du nom, Louis, Laronade, de Salers.

André, 2e du nom, Antoine, Laronade, de Salers.

Bassignac, ci-devant noble, de Saint-Vincent, district de Mauriac.

Broglie, de Paris, biens à Trizac.

Broglie, veuve Lignerac, mère du duc de Caylus, biens à Meallet.

Bertrandy, fis, à Pierre Barmonteil, de Salers.

Buisson, Jean, Bournazel, ci-devant noble, de Fontanges.

Bonnefons, Lavialle, ci-devant procureur, à Paris, biens à Mauriac.

Chevalier, Jean-Sébastien, Longevialle, garde-du-corps, de Salers.

Chazettes, cadet, Antoine, Bargues, officier de Salers.

Crussol, d'Amboise, officier, biens à Saint-Vincent.

Curton, Frédéric-Jacques-Gilbert-Marie Dechabannes, biens à Madic.

Chalus, officier d'infanterie, d'Ydes.

Dubois, 1er du nom, de Saint-Etienne, biens à Lanobre.

Dubois, 2e du nom, de Saint-Etienne, biens à Lanobre.

Derochemaure, 1er du nom, ci-devant noble, de Lanobre.

Derochemaure, 2e du nom, de Lanobre.

Derochemaure, 3e du nom, de Lanobre.

Dedouhet, 1er du nom, François-Louis, Dauzers, officier, d'Auzers.

Dedouhet, 2e du nom, Louis, officier, d'Auzers,

Dauzers, ci-devant noble, de Saint-Eulalie.

Degiou, Jean-Jacques, ci-devant noble, d'Aurillac, biens à Saint-Paul-de-Salers.

Ferrières, François, Sauvebœuf, biens à Apchon.

Fontanges, d'Anteroche, officier, de Saint-Pourçain.

Larafinie, Gabriel-Raffin, de Salers.

Lafarge, Joachim-Nicolas, Lapierre, ci-devant noble, biens à Saint-Paul.

Lasalle, Dechavigné, biens à Lanobre.

Montclard, Jean-Baptiste, Claire, d'Anglards,

Noailles, ci-devant duc, de Paris, biens à Pleaux.

Nayrou, Latour, ei-devant noble, de Saint-Pardoux, biens à Lanobre.

Pons, Charles-Henri, Labastide, de Salers.

Pierrefite, de Pierrefite, biens à Trizac.

Rocquecave, Titré, trésorier des guerres, de Paris, biens à Trizac.

Roquemaurel, Jean-Claude, Lanoaille, de Salers.

Roquemaurel, fils, de Salers.

Simiane Louis-Hector, domicilié à Monaco, biens à Jalleyrac.

Simiane Toussaint-Alexandre, domicilié à Aix, biens à Bassignac.

Sartiges, 1er du nom, officier dans les gardes françaises, de Sourniac.

Sartiges, 2e du nom, officier, de Sourniac.

Sartiges 3e du nom, officier.

Sartiges, fille, biens à Jalleyrac.

Saint-Chamans Marie-Charlotte, veuve de Fr. de Douhet d'Auzers.

Salvage Barthélemy Larmagé, ci-devant conseiller à la cour des aides de Clermont, de Fontanges.

Tournemire, ci-devant noble, à Lemont, en Limousin, biens à Trizac.

District de Saint-Flour

Albaret Antoine Jabrun, bourgeois, de Jabrun.

Albaret, 2e du nom, Antoine, de Jabrun.

Besson, fils, Jean-Baptiste, d'Arjolet, ci-devant noble, de Chaudesaigues.

Brugier Amable de Rochebrune, député à l'Assemblée Constituante, d'Oradour.

Brugier fils d'Amable de Rochebrune.

Brugier Pierre, frère d'Amable.

Brugier Antoine Labessière, frère d'Amable, officier.

Bosredon, fils, Maximilien de Surgères, district de Clermont, biens à Chaudesaigues.

Bosredon, fils.

Brugier Pierre-Joseph, du Rochain, paroisse d'Andelat.

Bonnafos, fils, Maurice de Belinay, biens à Paulhac, Cezens, Bredons.

Barlier, oncle, Guillaume Desfonts, ci-devant noble, de Chaudesaigues.

Barlier, 1er du nom, Guillaume-Bernard Desfonts.

Barlier, 2e du nom, Jean-Joseph Desfonts.

Bonne, ci-devant vicomte, de Plauzat, biens à Molèdes, etc.

Borel Duchambon, officier, de Saint-Flour.

Brion Léger, ci-devant noble, de Chidrac, biens à La Chapelle-Laurent.

Chavagnac, ci-devant noble, de Blesle, biens à Auriac.

Charreix, de Serverette, district de Marvejols, biens à Chaliers.

Dugreil François Demissiliac, de Lavolpilière, district de Saint-Flour, biens à Pierrefort, etc.

Dambre, fils de Chazèles, biens à Chazèles.

D'Apcher, ci-devant marquis, biens à Vedrines, Clavières, etc.

Despinchal, père, Joseph-Thomas, de Massiac.

Despinchal, aîné, Louis, de Massiac.

Despinchal, 2e du nom, Alexis, de Massiac.

Despinchal, 3e du nom. Hippolyte, de Massiac.

Dantil Pierre-Joseph, de Ligonès, de Saint-Flour.

Delastic Annet-Joseph, de Vigouroux.

Delastic Maurice, capitaine, de Vigouroux.

Demoré Antoine Lafage, ci-devant noble, de Saint-Flour.

Demoré, Ventivernoux, ci-devant lieutenant de gendarmerie, de Saint-Flour.

Delolme, ci-devant noble, de Brioude, biens à Celoux.

Dessauret François Dauliac, ci-devant noble, de Saint-Flour.

Daldin, oncle, Jean-Baptiste, officier, de Faverolles.

Daldin, neveu, Jacques, bourgeois, de Faverolles.

Daldin Joseph, bourgeois, de Faverolles.

Depignerol, ci-devant noble, de Faverolles.

Dessauret Jean, 1er du nom, Decheylus, de Saint-Flour.

Dessauret, 2e du nom, Guillaume, de Saint-Flour.

Demolen Pierre de Saint-Poncy, de Bonnac.

Deséguy, 1er du nom, Louis, ci-devant noble, de Paulhenc.

Deséguy, 2e du nom, Pierre-Louis, de Paulhenc.

Gancour Louise-Gabrielle, épouse de Despinchal, de Massiac.

Gueffier, fils, d'Aloziers, ci-devant noble, biens à Roffiac.

Gillet Pierre-Gilbert d'Auriac, de Saint-Flour.

Larochette François de Rochegonde, ci-devant noble, de Brioude, biens à la Chapelle-Laurent, etc.

Latour d'Auvergne ci-devant comte, biens à Vedrines-Saint-Loup.

Laroche Antoine Deperpeyac, ci-devant noble, de Saint-Flour.

Longevialle, ses héritiers, biens à Chaliers, Saint-Just.

Mottier Lafayette ci-devant commandant à Paris, biens à Vedrines-Saint-Loup et Clavières.

Montboissier, ci-devant comte de Pont-du-Château, biens à Valuéjol.

Ponsonnailles Jean-François Duchassang, ci-devant noble, de Faverolles.

Ponsonnailles Antoine-Augustin Degrisols, ci-devant noble et lieutenant en Picardie, de Faverolles.

Ponsonnailles Antoine Duchassang, lieutenant, de Faverolles.

Pravinlhac, ci-devant noble, biens à Saint-Just.

Podevigne, fils, Augustin Degranval, ci-devant noble, de Begut, paroisse de Vabres, biens à Vabres, Varellettes etc.

Roquelaure et Daldin Ignace, ci-devant nobles, domiciliés à Toulouse, biens à Faveroles.

Roquefeuil Jean-François-Alexandre, de Jabrun.

Seveyrac Claude ci-devant noble, biens à la Chapelle-Laurent.

Spy, fils, Victor, à Desternes, de Saint-Flour.

Saint-Just, ci-devant noble, de Saint-Chély, biens à Saint-Just.

Tremeujol Jean-Baptiste Laroussière, ci-devant noble de Saint-Flour.

Tassy, 1er du nom, Maurice de Montluc, garde du corps de Saint-Flour.

Tassy, 2e du nom, de Saint-Flour.

Tassy Antoine-Amable Lachassagne, ci-devant noble de Saint-Flour.

Tassy, cadet, fils à Pierre, de Saint-Flour.

N° 5

MEMBRES DE LA COALITION DE LA NOBLESSE D'AUVERGNE

	Nombre
Aldier...........................	2
D'Agrain...........................	2
Amarithon-Montfleuri...............	
Anglards-Bassignac.................	
Anjobert-Martillat.................	
Androdias-Murol....................	2
D'Antil-Ligonez....................	5
D'Apcher...........................	
D'Apchier-d'Ardes..................	
Arjac..............................	
Arfeuille..........................	
Artaud-Viry........................	
Armand.............................	
D'Arnoux...........................	
Arragones d'Orcet..................	5
Arragones de Laval.................	2
André d'Aubière....................	
D'Aurelle..........................	
D'Aurelle-Descornets...............	3
D'Aurelle-Paladine.................	

	Nombre
D'Aurelle-Terreneyre	
Audin	2
D'Aubier	5
Aubigny	
De Bar-Condamine	2
De Bar-Croizat	2
Barentin-Montchal	4
Bartron de Montbas....	2
Bayle	
Barlier des Fonds	
Besse-Contenson	
Bérard de Chazelles.........	
Béranger-Monclares..............	
Besseire-Rochegeat	
Béral de Sédages	2
Belmont-Malcors	
Bessemont	
Bisseret	
Begon de la Rousière.............	
Besson-Montigna	
Bertrand-Beaumont...............	
Blau	
Blumenstein	4
Bongars	
De Bonnevie Pognat..............	
De Bourdeille....................	3

	Nombre
Bonafos-Bélinaye..................	
De Bonal	
De Bournat	
De Bouillé	
De Bouillé-Authezat...	2
De Bouillé-Tronchet	
De Bosredon	
De Bosredon-Combraille	5
De Bosredon-Saint-Avit............	2
De Bosredon-Sugères	
De Bosredon-Viel-Voisin...........	3
De Bosredon-Vatanges	3
De Bosredon-Genestines............	2
Brugière de Mons..................	
Bravard d'Eyssat	
Brugier de Rochebrune	2
Bihoc-Gautelas	
De Caylus.........................	
Carrière-Comblat..........	3
De Calonne-Recho..................	2
Carmantrand	3
Cattres-Marmagnac	
Castellas.........................	
Cassagne-Beaufort.................	
Caldaguès.........................	
Claumarque........................	

	Nombre
Cartres-Tressac	
De Chalus	4
Chassar	2
Chaudesaigues	
Chapteuil	
Charrier-Fléchac	2
Chambon	
Chausse-Courte	2
De Chabanne la Palice	
Chassagnes-Sereys	2
De Chauvigny-Blot	
Champ de Blot	
Chabrol	2
Chardon-Duranquet	
Chavagnac	3
Champflour-d'Alagnat	2
Champflour-Laroche	
Cisterne	
Combettes	
Coudert-Sardens	
De Courtaurel-Montclar	2
De Courtaurel-Saint-Avit	
Com d'Anglars	
Coudert	
Courtaurel-Rouzat	
Collinet-Labeau	2

	Nombre
Conquan........................	
Cordebœuf-Mongon..................	3
Constantin........................	2
Clozel-Laplaze......................	
Crespat............................	
Coudert-Lavaublanche..............	
D'Aille-Rochefort..................	
D'Audin-l'Espinasse................	
Damas-Tredieu......................	
Desmoutier-Morainville............	
Du Champ..........................	
Desaix............................	3
Desgranges........................	
De Dienne.........................	3
De Douhet.........................	
De Douhet d'Auzers.................	
De Douhet-Monclar..................	
De Douhet Villossange..............	
De Douhet-Laboullaye...............	
Dourdon-*P*ierrefiche.............	2
Dreuil d'Issard....................	
Dufourt de Prat....................	2
Dulac.............................	3
Dubois Saint-Etienne..............	2
Durant-Pérignat...................	2
Duclaux-l'Etoile..................	

	Nombre
Ducroc-Brassac	
Ducroizet-Cumignac	3
Ducroizet-Luc	2
Du Prat	
Duplessis-Châtillon	
Dumont du Breuil	
Dufraisse du Cheix	
Dufraisse-Vernines	3
Dupuy	
Durieux	
D'Escars	
Escot	
Esmoingt	
D'Espinchal	4
D'Estaing du Buisson	
Falcon-Longuevialle	2
De Falvard-Bomparent	2
Faydit	
Flamarens	
Ferré	
Fleuri	
Floirac	2
De Fontanges	2
De Fontanges-Cousans	
De Fontanges la Clidelle	
De Fontallard	

	Nombre
De Forget	
De Forget-Mons	
Fontette	
Foluc	2
Foret d'Yvonne	3
De Pretat-Chirac	
Fremont	
De Gain de Linars	
De Gaussin la Caussade	
De Gilbert	
Gilbert de Vaux.	
Guittent	2
Guillomanche	
Girard du Rozet	2
Girard-Labatisse	
De Giou	
Gillet d'Auriac	
Guerin	4
Guérard-Montarnal	4
De Greils-Messillac	2
Jouffre	
Jouffre-Chabrignac	
Jaubourg	
Jugné	2
De la Bro-Montagnac	2
De la Boulaye	2

	Nombre
De la Boulaye-Marillac	
La Briffe..........................	
La Chenaye	
La Chassagne-Sereis	
De la Fage..........................	
De la Farge.........................	
La Foret d'Ivoine	2
Lagaye-Lauteuil	
De Laizer	
La Garde de Retz	
La Garde-Chanclos	
La Garde-Malveille..................	
La Marche...........................	
De la Queille	3
La Poye.............................	2
La Rivière..........................	
La Roche du Ronzet	2
La Roche-Néglye	
La Roche-Perpezat...................	
La Roche-Touray	
De la Roche-Aimon	4
De la Roche-Aimon la Roussis.........	
De la Roche-Aimon-Mensal	
De la Rochette......................	
De la Rochette d'Auzers	2
De la Rochette-Rochegonde............	2

	Nombre
De Lastic........................	
De la Salle........................	
De la Salle-Billon	
De la Salle-Font-Courbe	
De la Salle-Verginet................	2
De la Salle-Rochemaure	2
De la Saigne-Saint-Georges	
De la Tour d'Auvergne...............	
De la Tour-Saint-Vidal	
De la Vessière la Vergne	
Lespinasse	
Le Groing........................	2
Le Court........................	
De Lestrange......................	
De Ligondes	2
De Ligondes-Rochefort..............	
Loménie........................	
Loubens-Verdalle..................	
Luillier d'Orcières..................	2
Lavaur	
Lorcières........................	
Laurie........................	2
Lauriac........................	
De Léontoing d'Anjony	3
De Macheco	
May de Fromont....................	

	Nombre
De Marcillat...........................	
De Marcillac...........................	
De Magnac..............................	
Mallet-Vandègre........................	
De Marcellanges........................	2
Malafosse du Couffour..................	2
Mars	2
Mathusssières	
Meinard-Momont.........................	
De Méric...............................	
De Méthivier...........................	
De Meallet de Fargues..................	6
De Meallet de Cours....................	
De Meallet de Faulat...................	
Micolon	2
Mirambel...............................	
De Miremont............................	
De Monestay	
De Montmorin-Saint-Hérem...............	
Morin de Lairat........................	
Mont-Dubreuil	
Mouton.................................	
De Moré................................	
De Moré-Pontgibaud.....................	2
Montaigu-Bouzoles......................	
De Montboissier........................	

	Nombre
De Montboissier-Canillac.................	
De Montboissier-Pont-du-Château......	
De Montfaucon	
De Molen-Saint-Poncy..................	
Moulen-Dumas	
De Murat..............................	
Naillac	
Navette-Chassignoles..................	
Normand de Flaghac	
D'Ombret	2
D'Oradour	
Page	3
Parades...............................	2
Palladuc..............................	
Pivardière	2
Peyrac-Jugeols........................	
Pesteils	2
Pelamourgue de Cassaignouse	
Pechoux-Merdogne......................	2
De Pierre.	
Planque...............................	
De Pons-Frugère.......................	
De Pons-Lagrange	2
Pons-Fournaux	
Podevigne-Granval.....................	
Pressade	

	Nombre
Provenchère..............................	2
De Polignac..............................	4
Rancilhac de Chazelles	2
Rattin	2
Reboul de Chariol........................	
De Reynaud-Montlosier....................	
De Reynaud la Coste......................	
Richardie de Besse.......................	
Rives....................................	
De Ribeyre...............................	
De Rigaud	
Rochette de Lempdes	
De Rochemore.............................	
De la Rochelambert-Theval	3
De la Rochelambert-Lavalette	2
Rode-Chalagnat	
Rollat...................................	2
Rollet des Marets........................	
Rouade	2
De Roquemaurel...........................	
Rostaing.................................	
Sablon de Corail.........................	
Saullanges...............................	2
De Salvert...............................	
De Saillant..............................	
Salvage la Margé.........................	

	Nombre
De Saigne...........................	
De Sampigny	
De Sarrazin..........................	4
De Sartiges	3
De Sartiges-Combarel.................	2
De Sartiges-Monclar	2
De Sartiges-Sourniac	2
Sarrel-Saint-Mamet...................	
Sarron...............................	
Sauret d'Aulliat.....................	
Sauset-Bussanges.....................	
Sauzet-Jaroussey.....................	
Sauvages.............................	
Seissel..............................	
Serre-Vieux-Camp.....................	
Sers.................................	
Seguy................................	
Seguin	
Segonzac.............................	
De Servières	
Soyens-Saint-Hys	
Saint-Cyr............................	
Saint-Laurent........................	
De Saint-Georges.....................	
Saint-Martial-Conros	3
De Saint-Santin	

	Nombre
Taillandier	2
Tanes	
Tassy-Montluc	
Tassy-Lachassagne	
Taussac	3
Thomas de Domangeville	
Thoi	
Torsiac	
Traverse	
Du Tremont	
Tremeuges	
Turenne	
De Tissandier	
Valon	5
De Varenne	
De Varenne-Champfleury	3
Valeix	
De Vauchaussade	
Véal de Bleau	
De Veiny	
Viance (saint)	
De Verdonet	3
Verdier	
Verseille	
Villot-Beauluisant	
De Vivens	

	Nombre
Vissaguet	
De Vichy.................................	

N° 6

COMPOSITION DES DEUX ESCADRONS AUVERGNATS

Le vicomte de Beaume, lieutenant général, commandant pendant la campagne seulement la brigade entière de Colonel-Générai, cavalerie.

Le marquis de Laqueuille, maréchal de camp, commandant général et particulier des compagnies d'Auvergne depuis leur formation.

PREMIER ESCADRON

(Formé le 20 août 1791)

Le marquis de Laqueuille, maréchal de camp, commandant ;

Le baron d'Agrain, chef d'escadron de cuirassiers, aide-major de l'escadron ;

Le marquis de Ligondès-Chateaubodeau, porte étendard de l'escadron.

PREMIÈRE COMPAGNIE

Le commandeur de Seyssel, commandant en premier ;

Le vicomte de Montboissier-Canillac, commandant en second.

Chefs de section. — Le comte de Bosredont, le marquis d'Anjony, le comte de Valon d'Ambrugeac, le vicomte de Bouillé.

Chefs d'escouade. — Le commandeur de Bosredont, le commandeur de Ferré (1), Constantin père (2), le comte de Montfaucon, de Rigaud, le baron de Bermond, le comte d'Antil, le chevalier d'Estaing.

Fourriers. — Le chevalier Amable de Ligondès, le commandeur Armand de Laqueuille.

Gentilshommes. — MM. le chevalier Pierre de Ligondès, le chevalier de Linars, le comte de Montlosier, le marquis de Saint-Georges (3), d'Orcet aîné, le chevalier Louis de Beaumont, Taillandier *(d'Olmet près Courpière)*, de Martillat aîné, de Brugier d'Andelat, le commandeur de Laqueuille, le chevalier de Martillat, le marquis de Vandègre, de Forget, le comte Courtaurel de Rouzat, Tassy de Montluc, de Flameran *(de la Bourgogne)*, Constantin fils, marquis d'Agrain, comte de Thouy (du Bugey), le comte

(1) Commandeur de Montferrand.

(2) Ancien conseiller au parlement de Dijon.

(3) Gentilhomme de la Marche, possessionné en Auvergne.

de Bosredont-Saint-Avit, le comte de Bosredont-Vielvoisins, le chevalier de Bosredont-Vielvoisins, le chevalier de la Rivière, le comte Hercule de Ligondès-Rochefort, de Chabrol fils aîné, de Chabrol de Tournoelle, le comte de Pierre, Du Claux de l'Étoile fils, du Corail (1), de Rochegeat *(de Champeix, près Issoire)*, Chardon du Ranquet, le comte de la Tour d'Auvergne seigneur de la Margeride, de Rochemure, Douet de la Boulaye, le comte de Varennes, le chevalier le Groing, le chevalier d'Auzers, de Saron, de la Forest-Divonne, d'Anjony fils, le vicomte de Veauce, le commandeur de Bosredont, du Fraisse du Chaix.

SECONDE COMPAGNIE

Le comte d'Espinchal, commandant en premier.

Le comte de Rets (2), commandant en second.

Chefs de section. — Le comte Méallet de Fargues, le commandeur de Fargues, le marquis de Laizer fils, le chevalier de Conros.

Chefs d'escouade. — Le comte de Machéco, le comte de Pons de la Grange, le comte de Verdo-

(1) Il fut guillotiné à Lyon 1793.

(2) De Blesle, mort aux colonies vers 1815.

net, de Moré, le chevalier de Broch d'Hoteland, de Guérin, le comte d'Humières, le vicomte de Rets.

Fourriers. — Le marquis de Saint-Poncy, la Chesnaie.

Gentilshommes. — Le duc de Caylus, le comte des Montiers, le vicomte de Fleury (1), le comte de Montarnal, le chevalier de Montarnal, Luillier d'Orcières, le chevalier de Conros de Saint-Marsal, Conros de Saint-Martial *(baron d'Aurillac)*, de Sauret d'Auliac, Gillet d'Auriac, de Montluc, de Crespat, le comte de Folin, le comte de Pradt, de la Caussade, le vicomte Henry de Fargues, le chevalier Joseph de Fargues, le comte de Sédaiges *(seigneur de Marmanhac)*, le chevalier de Sédaiges, le comte de la Briſſe, le comte de Mirandol *(de Sarlat)*, d'Hauterive de la Plaze, le comte de Marsillat *(du Poitou)*, le comte Frédéric de Chavagnac, le comte Louis de Chavagnac, la Rochette d'Auger, de Fretat, le comte d'Arzac, le chevalier Casimir de Fargues, le comte de Montchal, d'Espinchal fils, le chevalier Hippolyte d'Espinchal, le vicomte de la Serre, Dubois de Valle de Saint-

(1) Languedocien, devenu duc et pair sous la Restauration.

Etienne, Frédéric de la Roussière, André d'Aubières (1), de Champs de Blot, de Torsiac, Matussières de Mercœur, le comte de Pons de Frugères, le marquis de Roquemaurel, le chevalier de Bonnal, Bonnafos de Bellinay, le marquis de Rets, de Malevieille.

SECOND ESCADRON

Le marquis de la Roche-Aymon, maréchal de camp, commandant.

Le comte de Bar, aide-major de l'escadron.

Le comte Dulac du Cluzel, porte étendard de l'escadron.

TROISIÈME COMPAGNIE

(Formée le 28 novembre 1791)

Le chevalier Navette de Chassignoles, commandant en premier.

Le chevalier de Jugeals commandant en second.

Chefs de section. — Le marquis de Combarel, le comte de Sarrazin, le comte d'Aurelle de Terreneyre, le comte de Saint-Mamet.

(1) Frère du maire de Clermont.

Chefs d'escouade. — Le comte du Lac père, le comte de Dienne de Saint-Eustache, de Bournat, Tassy de la Chassagne, le comte de Greils de Messiliac, le comte de la Boulaie père, le chevalier de Chassignoles, le chevalier de Giou.

Fourriers. — Le chevalier de Sarrazin, le comte d'Aurelle de Cornais, père.

Gentilshommes. — Belmont de Malcor (1), du Trémont, de la Vaublanche, le comte de Mery *(de Bourges)*, le chevalier d'Aurelle, du Chassaing de Grimaldi, du Chassaing Provenchère, le comte de la Ronade, de la Ronade, le comte de Fontanges *(du Quercy)*, le chevalier de la Tour d'Auvergne, Collinet de Labau, le comte de Boulaie fils (2), de Merdogne, le comte de Montclar, de Brugier de Rochebrune, le chevalier de Calonne d'Aurillac, Pellamourgue de Cassaniouze, Deconquant de Lacan *(de Maurs)*, de Saint-Santin, Sauret de Bressanges, de Meallet de Faulat, Barlier-Desfonds, de Mourgue de la Fage, le chevalier de Vivens, de la Roussille fils, Trémeuge de la Roussière, la

(1) De la Haute-Auvergne, conseiller au parlement de Toulouse.

(2) Né le 1er août 1771 dans la Limagne, près Billon, a été professeur à Gœttingue, chimiste, teinturier et plus tard employé à la manufacture des Gobelins.

Carrière de Comblat, le chevalier de Comblat, la Chassagne de Sereys, de Champflour des Moulins, le chevalier de Champflour, du Bleau de Langeac, Besson de Montignac, le vicomte d'Aurelle fils, le chevalier de Sarrazin-Périgères, Navette de Chassignoles fils, le vicomte de Combarel fils, Lavaissière de la Vergne, Derives *(de Vic-en-Carladès)*, le comte Amédée de Tanes *(de Chadieu)*, de Momont, de Frémont, de la Roche-Negly, d'Aubier père, d'Aubier fils, de Fretat de Chirac, de Seguin, le chevalier Du Lac, de Rochebrune fils.

QUATRIÈME COMPAGNIE

(Formée le 27 mars 1792)

Le chevalier de Vichy, commandant en premier.

Le comte de Chauvigny de Blot, commandant

Chefs de section. — Micolon de Bourgnon, le comte de Dreuille d'Issard, le comte de Barentin, seigneur de Vieille-Brioude, de Vissaguet de la Tourrette.

Chefs d'escouade. — Le chevalier de Pesteils, le comte de Magnac *(de Montluçon)*, le baron de Moreton, le comte de la Salle de Blazat, de

Moléon du Mas, le comte d'Arfeuilles, le comte de la Salle *(de Billom)*, Durand de Pérignat.

Fourriers. — Le comte Du Prat, de Mars *(de Cusset)*.

Gentilshommes. — Le chevalier de Montaignac, le comte le Groing seigneur de Fontnoble, de Naillac, le comte de Jouffre, le chevalier du Rozet, Girard du Rozet, de Verseilles, le chevalier de Rollat, le comte de Lastic, Micolon de Guérines, de la Salle de Rochemore, le comte de Montbas, le comte Moré de Pontgibaud, le chevalier de Pontgibaud, de Saint-Laurent (1) Lecourt d'Hauterive, le chevalier d'Hauterive, Ducroc de Brassac, de Bissezet *(de Montluçon)* Henry d'Aubigny, de Pons des Fournea de Taussac, de Chazelles *(de Murat)*, Tomas de Domangeville, du Breuil du Mont, le chevalier de Bar, le marquis de Chabann 'a Palice, La Boulaie de Marillac, le comte de La Marche, le chevalier de Corn d'Anglards, le baron de l'Etrange, de Murol, de Murol, de la Salle de Blanzat fils, le chevalier d'Anglard de Bassignac La Verpillière, le chevalier de Saint-Try, de la Rochette de Rochegonde, le chevalier de la

(1) De Paris grand maitre des eaux et forêts de Normandie.

Rochette, le comte de Rollat (1) d'Arfeuille fils.

Aides de camp du vicomte de la Beaume. — Le comte de Plessis Chatillon, le comte d'Hautpoul, le vicomte d'Antil de Ligonès.

Aides de camp du marquis de Laqueuille. — Le comte de Marcillac, le chevalier de Fargues Saint-Geniès.

Aides de camp du marquis de la Roche-Aymon. — Le comte de la Roche-Aymon fils.

Aumônier. — L'abbé Delzons, grand-vicaire de l'évêque de Saint-Flour et chanoine d'Aurillac.

Chirurgien-major. — Le Goux, médecin des eaux de Bourbonne.

RÉCAPITULATION GÉNÉRALE

Lieutenant général	1
Maréchaux de camp	2
Aides-majors	2
Porte-étendards	2
Aides de camp	6
Première compagnie	61
Seconde compagnie	62
Troisième compagnie	66
Quatrième compagnie	57
Total Gén. des escadrons d'Auvergne.	259

(1) Fils du seigneur de Sarlières, près Clermont, guillotiné à Paris en 1794.

TABLE DES MATIÈRES

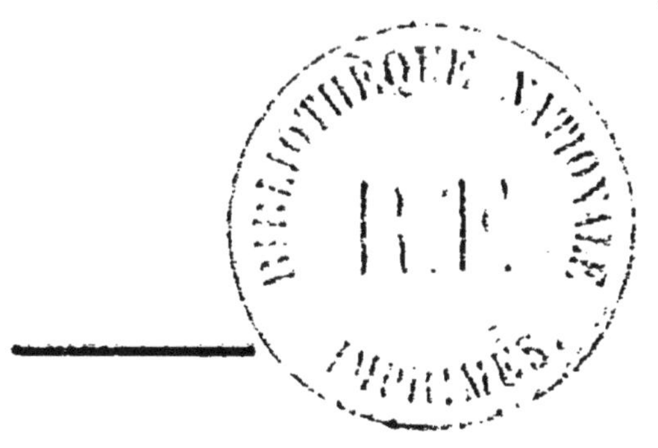
BIBLIOTHÈQUE NATIONALE
R.F.
IMPRIMÉS

IMP. MODERNE, 6, RUE GUY-DE-VEYRE, AURILLAC
J. GERMA, gérant

www.ingramcontent.com/pod-product-compliance
Ingram Content Group UK Ltd.
Pitfield, Milton Keynes, MK11 3LW, UK
UKHW020242250726
13967UKWH00004B/1483